[CA]TALOGUE MENSUEL N° 202

1er DÉCEMBRE

LIBRAIRIE

DE

THÉOPHILE BELIN

29, Quai Voltaire, PARIS

PARIS
LIBRAIRIE THÉOPHILE BELIN
29, QUAI VOLTAIRE, 29

1894

4267. **Album** de vues Daguerriennes. Europe, Asie et Amérique. Paris, s. d., in-4 obl. cart. 10 fr.

40 planches.

4268. **Alembert** (D'). Histoire de l'établissement des moines mendians. A Avignon, 1767, in-12 br. 4 fr.

4269. **Almanach** de bonne fortune pour et par la loterie électorale palatine en l'année 1770 A Mannheim, 1770, in-12 cart. 15 fr.

16 figures très-originales, armes à froid sur les plats du cart.

4270. **Amadis** (Jamyn). Œuvres poétiques avec sa vie par Guillaume Colletet d'après le manuscrit incendié au Louvre et une introduction par Ch. Brunet. Paris, 1879, 2 vol. in-12. 6 fr.

4271. **Aménagement des forêts.** Cours de l'école, 1857. Manuscrit de plus de 200 pages, in-4, demi-rel. mar. lavall. 10 fr.

4272. **Anacréon**. Odes, traduites en vers sur le texte, de Brunck. Paris, Nicolle, 1813, in-12 veau fauve, fil. tr. dor., pap. vélin. 3 fr.

Deux figures de Girodet.

4273. **Anecdotes** piquantes de Bachaumont, Mairobert, etc., pour servir à l'histoire de la Société française à la fin du règne de Louis XV, avec des notes et une table bio-bibliographique par J. Gay, in-12, br. 6 fr.

On trouve dans ce volume des anecdotes curieuses qu'il eut été fâcheux de laisser tomber dans l'oubli. Elles forment un tableau vivant des mœurs dissolues de la fin du dix-huitième siècle.

4274. **Annales** dramatiques ou dictionnaire général des théâtres, par une société de gens de lettres. Paris, 1808, 6 vol. pet. in-8, demi-veau. 10 fr.

4275. **Annales poétiques** ou almanach des Muses depuis l'origine de la poésie française, rédigée par Sautreau de Marsy et Imbert. Paris, 1778-1788, 40 vol. in-12, demi-veau fauve. 55 fr.

Bel exemplaire.

4276. **Anquetil**. Louis XIV, sa cour et le régent. Paris, Moutard, 1789, 4 vol. in-12, demi-toile. 5 fr.

4277. **Arago** (F.). Astronomie populaire. Paris, Baudry, 1854, 4 vol. in-8, br. fig. 12 fr.

4278. **Argens** (J.-B. de Boyer, Mis d'). Lettres cabalistiques ou correspondance philosophique, historique et critique, entre deux cabalistes, divers esprits élémentaires, et le Seigneur Astaroth. A La Haye, chez Pierre Poupie, 1741, 6 vol. in-12, demi-veau, tr. rouge, portr. 10 fr.

Edition augmentée de LXXX nouvelles lettres, de quantité de remarques.

4279. **Argentré** (Bert d'). L'Histoire de Bretaigne, des roys, ducs, comtes et princes d'icelle. Paris, J. du Pays, 1605, in-fol. veau. 40 fr.

Manque le titre. Mouillures.

4280. **Aventures** du baron de Munckhausen, traduction nouvelle par Th. Gautier. Paris, Furne, s. d., in-4, br. couv. 45 fr.

Exemplaire de 1er tirage avec les illustrations de G. Doré.

4281. **Balzac**. Les Œuvres diverses. A Paris, chez Rocolet, 1634. in-4 veau, fil. 10 fr.

Armoiries sur les plats.

4282. **Barbey d'Aurevilly** (J.). Le Chevalier des Touches. Paris, Lévy, 1864, in-12 cart. toile, tête jasp. non rog., couv. 4 fr.

1re édition.

4283. **Barthélemy** (Ed. de). La Galerie des portraits de Mlle de Montpensier. Paris, Didier, 1860, in-8 br. 4 fr.

4284. **Baud** (Dr). Maladies des organes génito-urinaires et goutte. Paris, Chamerot, 1868, in 8, br. 2 fr. 50

4285. **Bibliothèque amusante**. Œuvres de Mme Élie de Beaumont, de Mme de Genlis, de Fiévée et de Mme de Duras. Paris, Garnier, 1865, in-8, br. (fig.). 3 fr.

4286. **Bibliothèque** (La) des petits maîtres, ou Mémoires pour servir à l'histoire du bon ton et de l'extrêmement bonne compagnie. Au Palais-Royal, chez la petite Lolo, marchande de galanteries à la frivolité, 1762, in-12, cart., n. rog. 6 fr.

Spécimen de la littérature des boudoirs et critique spirituelle des sentiments et du langage affété et précieux à la mode à cette époque. La Notice sur Ange-Rose, Farfadet, abbé de Pouponville, qui termine ce volume est amusante.

4287. **Bibliothèque elzévirienne**. Paris, Janet, 1854-1880, in-12, perc., n. rog.

Variétés historiques et littéraires, 10 vol. 35 fr.

Histoire amoureuse des Gaules, 5 vol. 17 fr.

Lafontaine. Œuvres complètes. 4 vol. 12 fr.

Ronsard. Œuvres complètes, 8 vol. 30 fr.

Rutebeuf, 3 vol, 10 fr.

Scarron. Roman comique, 2 vol. 7 fr.

Despériers. Œuvres, 2 vol. 7 fr.
Noël de Fail. Œuvres facétieuses, 2 vol. 7 fr.
Gringore, 2 vol. 7 fr.
Corneille, 2 vol. 7 fr.
Tabarin, 2 vol. 7 fr.
Saint-Amand, 2 vol. 7 fr.
Courrier de la Fronde, 2 vol. 7 fr.
Melin de St-Gelais, 3 vol. 10 fr.
Racan, 2 vol. 7 fr.
Coquillart. 2 vol. 7 fr.
Dictionnaire des précieuses, 2 vol. 7 fr.
Rabelais, 2 vol. 7 fr.
Mémoires du Mis d'Argenton, 5 vol. 16 fr.
Sennecé. Œuvres choisies, 1 vol. 2 fr. 50
Sennecé. Œuvres posthumes, 1 vol. 2 fr. 50
Gérard de Rossillon, 1 vol. 3 fr. 50
Mémoires de Mme de La Guette. 3 fr. 50
Corneille, son histoire, par Taschereau. 3 fr.
Mémoires de Campion. 3 fr.
Le temple des oracles. 3 fr.
Mémoires de Tavanne. 3 fr. 50
Violier. Histoires romaines. 3 fr. 50
Hitopadésa. 8 fr.
Marolle. Le livre des peintres. 2 fr.
Chapelle et Bachaumont. 3 fr. 50
La Rochefoucauld. 3 fr. 50
Villon. 8 fr.
Morlini. 3 fr. 50
Regnier. 8 fr.
Le Chevalier de la Tour Landry. 18 fr.
Nouvelle fabrique des excellents traits de vérité. 3 fr. 50
Caquets de l'accouchée. 12 fr.
Floire et Blanceflor. 3 fr. 50
Gautier Garguille. 3 fr. 50
Romans de Dolopathos. 6 fr.
Le plaisir des champs. 3 fr. 50
Retif de la Bretonne. Mes inscriptions. 3 fr.

4288. **Bibliothèque originale.** Paris, Pincebourde, 1864-66, in-12 br.

Mme Du Noyer. L'Histoire du sieur abbé Comte de Bucquoy. 3 fr.
J. Janin. Béranger et son temps, 2 vol. 5 fr.
La Vérité sur la mort d'Alexandre-le-Grand, par Littré. — La Mort de Jules César, ensemble 1 vol. 3 fr.

Chaque volume à un frontispice gravé à l'eau-forte.

4289. **Bibliothèque spirituelle,** publiée par M. Silvestre de Sacy. Paris, Techener, 1854-1860, 14 tomes en 12 vol. in-16, demi-rel. mar. brun avec coins. (Petit-Simier). Chaque vol. 6 francs.

Imitation de Jésus-Christ. — Introduction à la vie dévote, 2 tomes en 1 vol. — Lettres spirituelles de Fénelon. Tomes 1 et III. — Choix de petits traités de morale de Nicole. — Choix de traités de morale chrétienne de Daguet, 2 tomes en 1 vol. — Sermons choisis de Bossuet, Bourdaloue, Massillon, 3 vol. — Nouveau Testament, 3 vol.

4290. **Billaut** (Adam). Le Vilebrequin de Me Adam, menuisier de Nevers, contenant toutes sortes de poësies galantes, tant en sonnets, epistres, epigrammes, elegies, madrigaux, etc. Paris, G. de Luyne, 1663, pet. in-12, veau fauve, tr. dor. (Bozérian). 40 fr.

Edition originale.

4291. **Bitaubé** (Joseph). 6e édition, revue et corrigée. Paris, Didot, 1797, 2 vol. pet. in-12, cart. n. rog. papier vélin. 4 fr.

9 figures de Marillier.

4292. **Boileau.** Œuvres diverses du Sieur D***, avec le traité du sublime et du merveilleux dans le discours. Paris, Denis Thierry, 1694, 2 vol. in-12 veau, figures. 8 fr.

Dans cette édition on a ajouté l'ode sur la prise de Namur et la satyre.

4293. **Boileau Despréaux.** Œuvres avec éclaircissements historiques donnez par lui-même, nouvelle édition augmentée d'un grand nombre de remarques historiques et critiques. Amsterdam, 1735, 3 vol. in-12 vélin. 5 fr.

Avec 6 figures de Bernard Picart pour le lutrin.

4294. **Borel** (P.). Rapsodies. Bruxelles, 1868, in-16, papier vergé, br. couv. 8 fr.

Eaux-fortes.

4295. **Bossuet.** Instruction pastorale sur les promesses de Jésus-Christ à son église. Paris, 1726. — Seconde instruction pastorale sur les promesses de Jésus-Christ. Paris, 1726, 2 part. en 1 vol. in-12 veau, fil. 3 fr.

4296. **Brantôme.** Mémoires de Messire Pierre de Bourdeille, Seigneur de Brantôme, contenant les vies des dames illustres de France de son temps. Leyde, Jean Sambix, 1665, in-12 veau. 4 fr.

Edition qui se joint à la collection des Elzéviers.

4297. **Brick-Bolding,** ou qu'est-ce que la vie. Roman Anglo-Franc-Italien. Paris, Cailleau, An VIII, 3 vol. in-12, demi-veau fauve, figures. 5 fr.

4298. **Broglie** (A. de). L'église et l'empire romain au IVe siècle. Paris, Didier, 1860, 4 vol. in-8, demi-rel. chag. noir. 15 fr.

4299 **Brueys.** Histoire du fanatisme de nostre temps, et le dessein qu'on avait en France de soulever les mécontents des calvinistes. Paris, 1692, in-12, frontisp. gr. v. br. ant. 4 fr.

Première édition, rare. L'ouvrage se rapporte aux troubles des Cévennes, et il a été réimprimé plusieurs fois.

4300. **Brunet** (Gustave). Imprimeurs imaginaires et libraires supportés, étude bibliographique, suivie de recherches sur quelques ouvrages imprimés avec des indications fictives de lieux ou avec des dates singulières. Paris, Tross, 1866, in-8, br. 3 fr.

4301. **Buchoz** (Dr). Catalogue latin et françois, des arbustes et plantes, qu'on conserve pendant l'hiver dans l'Orangerie et la serre chaude. Londres et Paris, 1787, in-18, cart. n. rog. 2 fr.

4302. **Buffon** et **Lacepede**. Œuvres complètes. Paris, 1839, 8 vol. gr. in-8 demi-rel. chag. 40 fr.

Nombreuses figures coloriées.

4303. **Bulliard** (N.). Herbier de la France. Histoire des plantes vénéneuses et suspectes de la France. Paris, l'auteur, 1784, in-fol. — Histoire des champignons de la France, ou traité élémentaire renfermant dans un ordre méthodique les descriptions et les figures des champignons qui croissent naturellement en France, tome 1er. Paris, l'auteur, 1791. Ens. 6 vol. in-fol. veau marb. et cart. 550 fr.

600 planches coloriees.

4304. **Bury**. Histoire de Louis XIII, roi de France et de Navarre. Paris, Saillant, 1768, 4 vol. in-12 veau, fil. tr. rouges. 4 fr.

4305. **Calligraphia latina**. Joannis Georgii Schwandueri Austriari Stadel kirchensis, dissertatio epistolaris de calligraphiæ. Nomenclatione cultu præstantia utilitate. Viennæ, 1756, in-fol. veau. 60 fr.

Très bel exemplaire contenant 142 planches et 16 doubles, très rare.

4306. **Carnaval** (Le) de la barbarie et le temple des yvrognes par M. de M***. Imprimé à Fez en Barbarie. 1766, in-12, demi-rel. veau. 3 fr.

Fleuron sur le titre, mouillures.

4307. **Carrel** (A). Histoire de la contre-révolution en Angleterre sous Charles II et Jacques II. Paris, Sautelet, 1827, in-8, demi-rel veau fauve. 4 fr.

4308. **Casanova** (J.). Mémoires. Translated from the original french, edition by Tolliad. Brunswick, Neuhoff, 1863, 6 vol, in-12 br. 10 fr.

4309. **Castil-Blaze**. Théâtres lyriques de Paris. L'Académie impériale de musique. Histoire littéraire, musicale, chorégraphique, pittoresque, morale, critique facétieuse, politique et galante de ce théâtre de 1645 à 1855, 2 vol. in-8, demi-mar. vert avec coins. 10 fr.

4310. **Caylus** (Le Comte de). Les Manteaux, recueil. La Haye, 1746, 2 part. en 1 vol. in-12 veau, fig. 3 fr.

C'est un recueil d'anecdotes facétieuses et de recherches historiqnes.

4311. **Cent nouvelles** (Les). Nouvelles, suivent les cent nouvelles, contenant les cent histoires nouveaux qui sont moult plaisans à raconter en toutes bonnes compagnies par manière de joyeuseté. La Haye, 1733, 2 vol. in-12 veau, fil. 4 fr.

4312. **Cervantès**. Histoire de l'admirable Don Quichotte de la Manche. Amsterdam et Leipzig, chez Arkstée et Merkus, 1768, 6 vol. — Nouvelles de Cervantès, 2 vol. Ens. 8 vol. in-12 veau fauve, (fig.) 50 fr.

Bel exemplaire.

4313. **Cervantès**. El ingeniosa hidalgo Don Quixote de la Mancha. En Madrid, 1798, 8 vol. Vida de Miguel de Cervantès saavedra par D. Juan, Antonio Pellicer. Madrid, 1806. Ens. 9 vol. in-18, chag. vert. tr dor. 60 fr.

Vignettes a mi-page.

4314. **Champagnac**. Faits mémorables de l'histoire des Pays-Bas. Paris, Morizot, s. d. gr. in-8, demi-rel. chag. vert. tr. dor. 3 fr.

Illustrations de Rouargue frères.

4315. **Champsaur** (Félicien). Lulu pantomime en 1 acte, préface par A. Houssaye. Paris, Dentu, 1888, in-8 demi-mar. bleu, avec coins, tête dor. n. rog., couverture illustrée. 6 fr.

4316. **Chanet** (H.). Le Badaud. Fontaine, rimée et illustrée. Paris, Seringe, 1880, in 4, percal. tr. dor. 5 fr.

4317. **Chansons** populaires des provinces de France. Notices par Champfleury, accompagnement de piano par J.-B. Wekerlin. Paris, Bourdilliat, 1860, gr. in-8. demi-mar. rouge avec coins, tête dor. n. rog. dos orné, couv. 35 fr.

Illustrations par Bida, Bracquemond, Courbet, Flameng, Morin, Staal, etc. Bel exemplaire.

4318. **Chants** et **Chansons** populaires de provinces de l'Ouest, Poitou, Saintonge, Aunis et Angoumois, avec les airs originaux, recueillis et annotés par Jérôme Bujeaud. Niort, Clouzot, 1866, 2 vol. gr. in-8, demi-veau fauve, tr. jasp. 25 fr.

Ces 2 vol. se joignent aux Chants et Chansons populaires de France, 3 volumes.

4319. **Chapelle** (La) d'Ayton, ou Emma Courtney. Paris, Maradan, an VIIe, 5 vol. in-12, demi-veau fauve, (fig.). 10 fr.

4320. **Charron** (Pierre). Discours chrétiens de la divinité, création, rédemption et octaves du Saint-Sacrement. Paris, 1622, pet. in-8 veau. 3 fr.

Mouillures en marge des derniers feuillets.

4321. **Chaussard**. Epitres sur quelques genres dont Boileau n'a point fait mention dans son art poétique. Paris, Didot, 1811, in-4, demi-veau fauve. 4 fr.

4322. **Chenu** (Jean). Traité de l'alimentation du bien d'église et beaux emphytéotiques, contenant les solemnitez requises par les ordonnances et constitutions canoniques pour la validité des dites aliénations, ensemble plusieurs arrets sur cette matière. Paris, P. Le Mur. 1644, petit in-8 vélin. 4 fr.

Très rare.

4323. **Chevigny** (De). La science des personnes de la cour, de l'épée et de la robe, continuée par de Limiers. Paris, 1725, 4 vol. in-12 veau. 10 fr.

Nombreuses figures et cartes gravées en taille-douce.

4324. **Choisy** (L'abbé de). Mémoires pour servir à l'histoire de Louis XIV. A Utrecht, 1727, 2 part. en 1 vol. in-12 veau. 4 fr.

Aux armes de Jean-Jacques Mesmes.

4325. **Collection** Hetzel et Lévy, in-8 br. 1 fr.

De Belloy. Phisionomies contemporaines. 1 fr. 50

L. Gozlan. Une soirée dans l'autre monde. 1 fr. 50

La Bédollière. Histoire de la mode en France. 1 fr. 50

Carlen. Un brillant mariage. 1 fr. 50

Comte de Gramont. Comment on se marie. 1 fr. 50

Stahl. Histoire d'un prince et d'une princesse. 1 fr. 50

De Belloy. Portraits et souvenirs. 1 fr. 50

A. Bougeard. Les Moralistes oubliés. 1 fr. 50

Dr Yvan. Canton, un coin du Céleste Empire. 1 fr. 50

Stahl. Les Bijoux parlants, souvenirs de Spa. 1 fr. 50

4326. **Commines** (Ph.). Mémoires de Commines, sieur d'Argenton. Paris, chez de Sercy, 1661, in-12 veau. 8 fr.

4327. **Coppée** (Fr.). Poèmes et Récits. Paris, Lemerre, s. d., gr. in-8 cart. de l'édit. tr. dor. 10 fr.

Illustrations de Myrbach.

4328. **Coppée** (F.). Œuvres complètes. Paris, Hebert, 1886, 10 vol. in-8, br. 45 fr.

Illustrations par Flameng et Tofani.

4329. **Corneille** (Pierre et Thomas). Œuvres choisies. Paris, Lheureux, 1822, 5 vol. in-8 cart. n. rog. port. 15 fr.

4330. **Corneille**. Le Théâtre de Pierre et de Thomas Corneille. Nouvelle édition, corrigée et augmentée de ses œuvres diverses. A Amsterdam, chez Zacharie-Chatelain, 1740, 11 vol. pet. in-12 veau. 20 fr.

Portraits, frontispice gravé à chaque pièce.

4331. **Corneille** (Pierre). Théâtre. Reveu et corrigé par l'auteur A Paris. chez G. de Luyne, 1692, 4 vol. in-12 veau. 8 fr.

Edition estimée.

4332. **Corrozet**. (Gilles). Le thrésor des histoires de France, réduit par tiltres, partie en forme d'annotations, partie par lieux communs. Paris, Jean Corrozet, 1630, in-12, demi-veau fauve. 4 fr.

Ouvrage rare.

4333. **Cottin** (Mme). Malvina. Paris, Maradan, 1800, 4 vol. in-12, demi-veau fauve, figures. 8 fr.

4334. **Crétin** (Guillaume). Les Poésies. Paris, A. Coustelier, 1723, in-12 veau. 2 fr.

4335. **Danielis** Heinsii Orationem editio nova, auctior, atque ita emendata, ut alia videri possit. Accedunt Dissertationes aliquot, nec unius argumenti. Lugd. Batav. ex officina Elseviriana, 1612, in-12, titre r. et noir, mar. La Vall. dos orné, dent. sur les plats et dent. int. tr. dor. 12 fr.

Dernière édition parue du vivant de l'auteur, et la seule de ce format imprimée par les Elzevier de Leyde. Elle est plus belle que l'édition d'Amsterdam. (Willems, les Elzevier, n° 539.)

4336. **Daudet** (A.). Tartarin sur les Alpes, nouveaux exploits du héros Tarasconnais. Paris, C. Lévy, 1885, in-8 demi-rel. chag. tête dor. n. rog. 10 fr.

4337. **Daumas** (Eug.). Le grand désert ou itinéraire d'une caravane du Sahara au pays des Nègres. Paris, 1848, gr. in-8, demi-rel. chag. 5 fr.

Carte.

4338. **Dejan.** Traité des odeurs, suite du traité de la distillation. Paris, 1764, 1 vol. in-12 veau, tr. rouge. 5 fr.

Très rare.

4339. **Déroulède** (P.). Chants du soldat. Paris, Calmann Lévy, 1888, gr. in.8, demi-rel. chag. 10 fr.

Nombreuses illustrations en noir et en couleur.

4340. **Descamps** (J.-B.). La vie des peintres flamands, allemands et hollandais avec des port. gr. en taille-douce. Paris, 1764, 4 vol. in-8 port. br. — Voyage pittoresque de la Flandre et du Brabant, par J.-B. Descamps. Paris, 1838, in-8, fig. br. Ens. 5 vol. in-8 br. 30 fr.

4341. **Desforges**. Le Poète, ou Mémoires d'un homme de lettres, écrits par lui-même. Hambourg, 1798, 4 vol. in-12 demi-veau figures. 20 fr.

Dans cet ouvrage écrit avec une grande verve, Desforges relate les écarts d'une jeunesse très débauchée. Les tableaux ont toute la chaleur qu'une imagination vive peut donner aux réminiscences de la vérité, rien n'a arrêté sa fougueuse licence, ni la mémoire de sa mère, ni l'honneur de sa sœur.

— Le même. Bruxelles, 1881, 3 vol. pet. in-8 br. front. 20 fr.

4342. **Destailleur**. Recueil d'estampes relatives à l'ornementation des appartements aux XVIe, XVIIe et XVIIIe siècles. Paris, Rapilly, 1868, 2 vol. in-fol. demi-rel. mar. rouge avec coins, tête dor. n. rog. 120 fr.

144 planches, gr. sur cuivre.

4343. **Diedrick Knickerbocker**. Histoire de New-York. Paris, Sautelet, 1827, 2 tômes en 1 vol. in-8, demi-rel. 5 fr.

4344. **Diurnale** romanum ad usum fratrum et monialium hium seraphisi. P. Francisci ordinum. Parisiis, Lemercier, 1747, in-18 mar. rouge, dent. sur les plats, tr. dor. (rel. anc). 10 fr.

4345. **Don Enrique** (Vicomte Onffroy de Thoron. Amérique équatoriale son histoire pittoresque et politique. Paris, Renouard, 1866, in-8 br. 3 fr.

Carte.

4346. **Dortous de Mairan**. Dissertation sur la glace, ou explication physique de la formation de la glace et de ses divers phénomènes. Paris. imp. Royale, 1849, 2 part. en 1 vol. in-12 veau. 3 fr.

1 frontispice et 5 planches.

4347. **Dubois et Bernard**. La cuisine classique, études pratiques raisonnées et démonstratives de l'école française, appliquée au service à la Russe. Paris, 1872, 2 vol. in-4 demi-rel. chag. pl. toile. 28 fr.

65 planches.

4348. **Du Buisson**. La vie du Vicomte de Turenne, maréchal, général des camps et armées du roi. Cologne, 1685, in-12 vélin. 3 fr.

Frontispice gravé.

4349. **Dufrénoy** (Mme). Santa Maria, ou la grossesse mystérieuse, traduit de l'Anglais de Fox. Paris, 1800, 2 vol. in-12 demi-veau fauve, figures. 4 fr.

La marge inférieure du titre est coupée.

4350. **Du Laurens** (l'Abbé). Le compère Mathieu. ou les bigarrures de l'esprit humain. A Malthe, 1786, 4 vol. in-12 veau, tr. dor. 12 fr.

Figures.

4351. **Dumas** (A.). Les Médicis. Paris, Recoules, 1845, 2 vol. in-8 br. 10 fr.

Edition originale.

4352. **Dumas** (A.). La question du divorce. Paris, Lévy, 1880, in-8 br. 3 fr.

4353. **Dussieux** (L.). Les Artistes français à l'étranger. 3e édition. Paris, Lecoffre, 1876, gr. in-8 demi-percal. tête jasp. n. rog. 7 fr.

4354. **Duval**. La France, depuis son agrandissement par les conquestes du roy. Paris, 1691, in-12 veau. 4 fr.

Nombreuses cartes gravées en taille-douce.

4355. **Egger** (Emile). Mémoires de littérature ancienne et de philologie. Paris, Durand, 1862-63, 2 vol. in-8 br. 4 fr.

4356. **Epitomes**. Omnium Galem pergame ni operum sectio prima, per Andream Lacuman secobiensem doctorem medicum summa fide atque studio collecta. Lugdini, Apud Gulielmum Rouillium sub scuto Veneto, 1553, 4 forts vol. pet. in-12 veau. 15 fr.

D'une impression remarquable.

4357. **Espiard de Colonge** (D'). La chute du ciel ou les antiques météores planétaires. Paris, Dentu, 1865, in-8 br. (fig.). 4 fr.

4358. **Espion** (L'). Chinois ou l'envoyé

secret de la cour de Pékin, pour examiner l'état présent de l'Europe. Cologne, 1783, 6 tomes en 3 vol. in-12 demi-rel. 4 fr.

Mouillures.

4359. **Estienne** (Henri). Apologie pour Hérodote du traité de la conformité des merveilles avec les modernes, avec des remarques par M. Le Duchat, 2 tomes en 3 vol. in-12 mar. rouge jans. dent. int. tr. dor. (Brany). 80 fr.

3 frontispice gravés.

4360. **Estoile** (Piérre de l'). Journal du règne de Henri IV, roi de France et de Navarre, s. l., 1732, 2 vol. pet. in-8 veau. 5 fr.

4361. **Favrole** (De). Le Page de la reine Marguerite, ou l'hermite du Mont Apennin. A Hambourg, 1806, 4 tomes en 2 vol. in-12 percal. 5 fr.

4362. **Félibien** (Michel). Histoire de l'abbaye royale de Saint-Denis en France, contenant la vie des abbez qui l'ont gouvernée. Paris, Léonard, 1706, in fol. veau. 25 fr.

Nombreuses planches dans le texre et hors texte.

4363. **Fénelon**. Les Aventures de Télémaque fils, d'Ulysse. Seconde édition, conforme au manuscrit original. Paris, J. Estienne, 1720, 2 vol. in-12 veau. 4 fr.

Figures de Bonnard.

4364. **Fénelon**. Les Aventures de Télémaque, fils d'Ulysse. Paris, Imp. Didot, 1783, 4 vol. in-16, demi-veau vert. 8 fr.

4365. **Fénelon**. Les aventures de Télémaque. Paris, de l'imprimerie de Monsieur, 1785, 2 vol. gr. in-4, fig., mar. bleu foncé, comp. de fil. et dent. à pl. avec ornem. aux angles, dos orné, dent. intér., gardes tabis rose, tr. dor. (Rel. anc.). 300 fr.

Titre-frontispice gravé par Montulay, 72 gravures par Monnet, grav. par Tilliard, et 21 pl. ornées de culs-de-lampe contenant les sommaires. Sur les plats les armoiries en or, sur fond mosaïqué de mar. rouge.

Très belle reliure ancienne signée en or, au bas de la dentelle intérieure de chaque volume : « Relié par Delorme, rue Saint-Jacques. »

Les armoiries paraissent être surchargées.

4366. **Fénélon**. Les Aventures de Télémaque fils d'Ulysse. Paris, de l'imprimerie de P. Didot l'aîné, 1796, 4 vol. in-18, fig. mar. citron, dos ornés à petits fers, fil. et dent. sur les pl., dent. int., tr. dor. 100 fr.

Portrait de Fénélon d'après Vivien, gravé par Gaucher, et 24 ravissantes figures de Quéverdo, gravées par Dambrun, Delignon, de Launay, Gaucher et Villerey.

Bel Exemplaire sur papier vélin. avec les figures avant la lettre.

La reliure du tome 1er est plus moderne et diffère un peu des autres.

4367. **Feugère** (Léon). Caractères et portraits littéraires du XVIe siècle. Paris, Didier, 1859, 2 vol. in-8, veau fauve, fil., tr. dor., dos orné, (Petit-Simier). 20 fr.

Chiffre sur les plats.

4368. **Flammarion** (C.). L'atmosphère description des grands phénomènes de la nature. Paris, Hachette, 1873, gr. in-8, demi-rel. chag. vert. 11 fr.

Nombreuses figures.

4369. **Forgues** (E. D.). Voyage d'un faux derviche dans l'Asie centrale Paris, Hachette, 1865, gr. in-8, br. fig. 6 fr.

4370. **Fromaget**. Le cousin de Mahomet. A Constantinople, 1786, 2 tomes en 1 vol. in-18, veau. 4 fr.

4371. **Gallois** (Léonard). Histoire des journaux et des journalistes de la Révolution française, 1789-1796, précédée d'une introduction générale. Paris, 1845, 2 tomes en 1 vol. gr. in-8, demi-veau, tr. jasp. portraits, piqures. 9 fr.

4372. **Garsault** (de). Le Guide du Cavalier. Paris. 1770, in-12, avec 7 jolies fig. dess. et grav. par Ransonnette, bas. rac. 15 fr.

4373. **Gautier**. Chroa. Genesie ou génération des couleurs, contre le système de Newton, Paris, A Boudet, 1750, 2 vol. in-12, mar. rouge fil., tr. dor 125 fr.

125 planches gravées. Reliure très fraiche, aux armes de Stanislas Lexynska, roi de Pologne.

4374. **Gavarni**. Œuvres nouvelles. (Les maris me font toujours rire. Paris, librairie nouvelle, s. d., in-fol. cart. tr. dor. 20 fr.

30 planches.

4375. **Gazette** des beaux-arts. Courrier européen de l'art et de la curiosité. Paris, gr. in-8, br. sur papier de Hollande,

Octobre 1859 à Avril 1861 6 vol. in-4, br. 60 fr.

Année 1870-71, 2 vol. 45 fr.

Année 1874 de juillet à Décembre, 1 vol. 20 fr.

Année 1882 les 8 premières livraisons 20 fr.

4376. **Gello** (Giovan-Baptista). La Circé de M. Giovan-Baptista Gello, academie florentin. Reveuë par le seigneur du Parc, son premier traducteur. A Paris, pour Galiot du Pré, 1572, in-16 de 152 ff. 15 fr.

De la bibliothèque Yemeniz, — Exemplaire préparé pour la reliure. Cachet sur le titre.

4377. **Genlis** (Mme de). Les Vœux téméraires ou l'enthousiasme. Hambourg, 1799, 3 vol. in-12, demi-veau. 3 fr.

4378. **Gessner** (Salomon). La Mort d'Abel. Paris, Renouard, 1802, pet. in-12, veau, fil., tr. dor. 2 fr.

Portrait et figures de Moreau.

4379. **Gibert** de **Montreuil**. Roman de la Violettre ou de Gérard de Nevers en vers du XIIIe siècle : publié pour la première fois d'après deux manuscrits de la bibliothèque royale par Francisque Michel. Paris, Silvestre, 1834, in-8, veau rose fil. tête dor. n. rog., dos orné, papier vélin. 50 fr.

Figures sur Chine.

4380. **Giraldon** (J. B.) La chronique universelle illustrée 1861. Paris Giraldon, 1862, in-4, cart., tr. dor., fig. 5 fr.

4381. **Godwin** (William). Saint-Léon, histoire du XVIe siècle. Paris, 1800, 3 vol. in-12, demi-veau fauve, figures. 5 fr.

4382. **Gordon** de **Percel**. De l'usage des romans où l'on fait voir leur utilité et leurs différens caractères. Amsterdam 1734, 3 vol. in-12, veau dos orné, fil. 5 fr.

4383. **Graffigny**. Lettre d'une péruvienne avec une suite aux lettres d'une péruvienne à Peine, s. d., 2 parties en vol. in-12 veau, (fatigué). 3 fr.

4384. **Grenade** (Louis). Le vray chemin et adresse pour acquérir et parvenir à la grâce de Dieu et se maintenir en icelle, par le moyen et côpagnie de l'oraison et contemplation en la loy de dieu. A Paris, chez Guillaume de la Nouë, 1581, pet. in-8, vélin. 8 fr.

4385. **Griffet** (P. H.). Histoire des Hosties miraculeuses qu'on nomme le très saint sacrement de miracle, qui se conserve à Bruxelles depuis l'an 1370 et dont on y célèbre tous les cinquante ans l'année jubilaire. Bruxelles, 1770, in-12, demi-chag. lavall. 25 fr.

24 figures très rare.

4386. **Gringore** (P.). La Chasse du Cerf, des Cerfs composé par P. Gringore (a la fin) : Achevé d'imprimer le 15 Décembre, 1829, chez Pinard, pet. in-8, mar. rouge, fil., dent. int., tr. dor. figures, (Lortic). 25 fr.

Réimpression figurée d'un opuscule très rare, tirée à 42 exemplaires. Exemplaire sur papier de Hollande.

4387. **Guiffrey** (Jules). Antoine Van Dyck, sa vie et son œuvre. Paris, Quantin, 1882, in-fol. cart. artistique non rog. 50 fr.

Illustré d'une centaine de gravures dans le texte et plus de 30 grades planches tirées hors texte et gravées par Courtry, Gaujeon, Masson, Millins, etc.

4388. **Guilmard** (D.) La connaissance des styles de l'ornementation, histoire de l'ornement et des arts qui s'y rattachent, depuis l'ère chrétienne jusqu'à nos jours. Paris, Guilmard, s. d., in-4, demi-rel. chag. 25 fr.

42 planches.

4389. **Guistinian** (Bernard). Historie chronologiche dell' origine degl' ordini militari e di tutte le religione cavalleresche infino ad hora instituite nel mondo. In Venezia, presso Combi et La Nou 1692, 2 vol. in-fol. vélin blanc. 20 fr.

Frontispice et figures.

4390. **Guizot**. Mémoires pour servir à l'histoire de mon temps. Paris, Lévy, 1858, 2 vol. in-8 br. 4 fr.

1re édition.

4391. **Guizot**. Méditations sur la religion chrétienne. Paris, Lévy, 1868, in-8, br. 2 fr. 50

4392. **Guizot**. Histoire de France depuis les temps les plus reculés jusqu'en 1789, racontée à mes petits-enfants. Paris, Hachette, 1872, 5 vol. gr. in-8, demi-rel. chag. 50 fr.

75 gravures, dessinées par A. de Neuville.

4393. **Gumilla** (le Père). Histoire naturelle, civile et géographique de l'Orénoque et des principales rivières qui s'y jettent. Avignon, 1758, 3 vol. in-12, veau. 8 fr.

Carte et figure.

4394. **Hamilton** (le Cte Antoine). Le Belier, conte. Paris, Josse, 1730. — Hamilton. Histoire de Fleur d'épine, conte. Paris, Josse, 1730. — Ensemble 1 vol. in-12, veau. 4 fr.

Editions originales.

4395. **Hénault**. Nouvel abrégé chronologique de l'histoire de France, contenant les événemens de notre histoire depuis Clovis jusqu'à la mort de Louis XIV, les guerres, les batailles, les sièges etc.., nos loix, nos mœurs, nos usages, etc. Paris, Prault, 1768, 2 vol. in-4, veau fauve ancien, fil. tr. dor. 50 fr.

Edition ornée de vignettes et fleurons en taille-douce. Bel exemplaire.

4396. **Henriet** (Frédéric). Le Paysagiste aux Champs. Paris, A Lévy, 1876, gr. in-8, percal. tête dor. couv. 16 fr.

Nombreuses eaux-fortes hors texte. L'un des 135 exemplaires sur papier teinté.

4397. **Heptaméron** de la reine Marguerite de Navarre, avec une introduction, un index et des notes par Félix Frank. Paris, Liseux, 1879, 3 vol. in-16, br. port. 15 fr.

4398. **Hervieux** de **Chanteloup**. Nouveau traité des serins de Canarie contenant la manière de les élever et les appareiller, pour en avoir de belles races ; avec des remarques sur les signes et causes de leurs maladies, et plusieurs secrets pour les guérir. Paris, Saugrain, 1766, in-12, veau. 5 fr.

Frontispice et musique.

4399. **Heures** nouvelles, paroissien complet latin-français à l'usage de Paris et de Rome par Mr l'abbé Dassance. Paris, Curmer, 1841, in-8, chag. plein tr. dor. 7 fr.

Figures hors texte. Texte encadré d'ornements variés et de figures sur bois.

4400. **Histoire** de l'Académie royale des Inscriptions et Belles-Lettres, depuis son établissement jusqu'à présent. Paris, Imp. Royale, 1736-1808, 50 vol. in-4, rel. veau. 140 fr.

Bel exemplaire.

4401. **Histoire** de la guerre des Romains contre Jugurtha, roy des Numides, et l'histoire de la conjuration de Catillina, ouvrages de Salluste, traduits en français (par l'abbé de Cassagne). Paris, chez Claude Barbin, 1675, in-12 de 56 ff. prél. 459 pp. et table, mar. r. fil., tr. dor. (Rel. anc.) 65 fr.

Aux armes de Charron, marquis de Ménars, président au Parlement de Paris.

4402. **Histoire** littéraire de la France où l'on traite de l'origine et du progrès de la décadence et du rétablissement des sciences parmi les Gaulois et parmi les Français par les religieux bénédictins de la congrégation de Saint Maur. Nouvelle édition par M. Paulin Paris. Paris, V. Palmé, 1865-1869, 15 vol. — Table générale, 1875, 1 vol. — Ensemble, 16 vol. in-4, dont les 10 premiers reliés en vélin blanc tête dor. n. rog. et les 6 derniers cart. percal. verte, n. rog. 150 fr.

4403. **Histoire** politique et littéraire de la guerre de 1870-71, Paris, Plon, 13 vol. in-8, br. 40 fr.

4404. **Homère**. L'Iliade et l'Odyssée. Traduites en françois, avec des remarques par Mme Dacier. Paris, 1756, 8 vol. in-12, veau marb. 16 fr.

4405. **Homère**. L'Illiade et l'Odyssée avec remarques par Bitaubé. Paris, imp. de Didot l'aîné, 1788, 13 vol. in-18 cart. 8 fr.

4406. **Horace**. Les Poésies, traduites en françois avec des remarques et des dissertations critiques par le R. P. Sonadon. Paris, Robustel. 1756, 8 vol. in-12 veau. 5 fr.

Frontispice gravé.

4407. **Houssaye** (Ars.). Merveilles de l'art flamand. Paris, s. d., in-fol. cart., fig. 5 fr.

4408. **Joanne**. Itinéraire descriptif-historique et archéologique de l'O. rient. Paris, Hachette, 1861, in-8. percal. bleue. 4 fr.

11 cartes et 19 plans. Très rare.

4409. **Joliet** (Charles). Les pseudonymes du jour. Paris, Faure. 1867, in-12 cart. demi-toile. 2 fr.

4410. **Jourdan**. Mémoires de Monville. A Utrecht, chez P. Lerseck, 1742, in-12, vélin. 3 fr.

4411. **Journal** des Gourmands et des belles par l'auteur de l'Almanach des gourmands, (Grimod de La Reynière, et autres. Paris, Capelle et Renaud, 1806-1815. 38 vol. in-18, port. veau. 50 fr.

Collection bien complète (121 Nos très) difficile à rencontrer

4412. **Journal asiatique** ou recueil de mémoires, d'extraits et de notices relatifs à l'histoire et à la phisophie. Paris, Dondey-Dupré, de l'origine, 1822, à fin 1889. 135 vol. in-8, demi-rel. chag. vert. tête dor., non rognés. 850 fr.

Collection bien complète et en parfait état.

4413. **Labarte** (Jules). Recherches sur la peinture en Email dans l'antiquité et au moyen-âge. Paris, Didron, 1856, in-4, demi-chag. rouge tr. jasp. couv. 25 fr.

Envoi et lettre autographe de l'auteur, Planches coloriées. Rare.

4414. **Labarte** (Jules). Inventaire du mobilier de Charles V roi de France. Paris, imp. Nationale, 1879, in-4, cart. n. rog. 6 fr.

4 pl. dont 2 en chromolithographié. De la collection des documents sur l'histoire de France.

4415. **La Beaumelle.** Mémoires pour servir à l'histoire de Mme de Maintenoir et à celle du siècle passé. Amsterdam, 1755, 6 vol. in-12, titre gravé port. — Lettres de Madame de Maintenon à diverses personnes et à M. d'Aubigné son frère, 9 vol. in-12. Amsterdam aux dépens de l'auteur 1755-56, 15 vol. in-12, veau marb., tr. rouges port. 25 fr.

4416. **La Bruyère.** Les caractères de Théophraste, traduit du grec avec les caractères ou les mœurs de ce siècle huitième édition. Paris, E. Michallet, 1694, in-12, veau. 10 fr.

4417. **Labruyère.** Dialogues posthumes du sieur de Labruyère sur le Quiétisme. Paris, Osmont, 1699, in-12 veau. 3 fr.

4418. **La Chau** (l'abbé de). Dissertation sur les attributs de Vénus. Paris, imp. Prault, 1776, in-4, veau fauve anc., fil., tr. dor., dos orné. 80 fr.

Une belle gravure de Vénus Anadyomène d'après Titien, gravée par Saint-Aubin, 1 fleuron sur le titre, 1 en-tête. 13 vignettes dans le texte, 8 médailles en 1 planches et 1 cul-de-lampe en tout 25 illustrations diverses. Cet exemplaire posède la Vénus Anadyomène avant la bordure et la Coquille.

4419. **Lacroix** (E.). Dictionnaire industriel à l'usage de tout le monde. Paris, Lacroix, s. d., 2 vol. in-8, fig., cart. 9 fr.

Publié à 22 fr.

4420. **Lacroix** (Paul). Histoire de Mystifications et des Mystifiés. Bruxelles, 1856, 3 vol. in-16, br. 3 fr.

4421. **Lactance** firmian des diuines institutions contre les gentils et idolatres nouuelle et recogneu aux premiers exemplaires et imprimé auec histoires traduict de latin en françoys, dédie au... roy de France par René Fame notaire et secrétaire du dit seigneur. Paris, par E. Groulleau, 1551, pet. in-8, de 16 ff. prél. et 774 pp. chiff. veau. 150 fr.

Edition inconnue à tous les bibliographes et la première des deux publiées par Groulleau. Elle est ornée de 179 gravures sur bois. Un certain nombre d'entre elle avaient déjà figuré dans la tapisserie chrétienne dans les Harmonie evangelice et ailleurs et Papillon les attribue à J. Cousin,

4422. **La Fayette** (Mme de). La Princesse de Montpensier. Paris, L. Billain, 1662, in-12, mar. vert du Levant à nerfs dos orné fil. dent. int, tr. dor. (Joly succ. de Thibaron). 140 fr.

Edition originale. Très-bel exemplaire

4423. **La Fontaine.** Les œuvres posthumes. Paris, chez Guil. de Luynes, 1692, in-12 veau. 3 fr.

Bonne édition sous cette date : Hauteur 148 millimètres.

4424. **La Fontaine.** Contes et Nouvelles en vers. Lyon, Scheuring 1874, 2 vol. in-8, br. (pap. teinte). 45 fr.

Figures. Vignettes et culs-de-lampe.

4425. **La Fontaine.** Fables choisies, mises en vers (publié avec la vie de l'auteur par M. de Monthenault). Paris, Desaint et Saillant, 1755, 4 vol. in-fol., veau marb. tr. marbr. 350 fr.

1 frontispice par Oudry terminé par Dupuis et gravé par Cochin et 275 figures par Oudry, gravées par Aubert Baquoy, Cochin, Duret, Flipart, Gallimard, Lebas, Lemire, Moitte, Pasquier, Sornique, Tardieu, etc., etc.

4426. **Lafontaine.** Fables. Paris, Bossange, an IV, (1796), 6 vol. in-12, cart. n. rog. 100 fr.

276 figures gravées par MM. Simon et Coiny, bonne édition. Exemplaire en grand papier vélin.

4427. **La Fontaine.** Fables. Paris, Didot, an X, 1802, 2 tomes en 1 vol. in-fol., demi-rel., mar. rouge, n. rog. 50 fr.

Exemplaire en papier vélin contenant le 12 jolies vignettes de Percier gravées par Duplessis-Bertaux, tiré à 250 exemplaires.

4428. **La Fontaine.** Les Amours de Psyché et de Cupidon, précédés du poème d'Adonis. Paris, J. J. Coiny, s. d., 2 vol. in-12, pap. vél., cart., non rog. 40 fr.

Figures d'après Raphaël, gravées par Coiny avant la lettre.

4429. **La Fontaine.** Les Amours de Psyché et de Cupidon. Paris, Dufart, 1793, in-12, mar. rouge, fil., tr. dor., (rel. anc.). 50 fr.

4 jolies figures non signées avant la lettre. Reliure très fraiche.

4430. **Lafontaine.** Œuvres. Paris, J. Brière, 1824. 2 vol. in-18, demi-rel. chag. tête dor., n. rog. 5 fr.

4431. **Laïs** (La) philosophe ou Mémoires de Madame D**** et ses discours à M. de Voltaire sur son impiété sa mauvaise conduite et sa folie, avec une suite. A Bouillon, 1761, 3 part. en 1 vol. in-12, cart. front. 3 fr.

Satire contre Voltaire.

4432. **Lamorillière** (Raoul de). Les Bordelaises partout. Bordeaux, Août, 1854, in-12, br. 1 fr. 50

4433. **La Mothe Le Vayer.** Opuscule ou petit traité sceptique sur cette commune façon de parler N'avoir pas le sens-commun. Paris de Sommaville. 1646, in-16, veau. 3 fr.

4434. **Laorty-Hadji.** La Syrie, la Palestine et la Judée et pélérinage à Jérusalem et aux lieux saints. Paris, 1854, gr. in-8, demi-rel. chag., pl. toile, tr. dor. 4 fr.

Nombreuses figures.

4435. **La Roque.** Voyage fait par ordre du roy Louis XIV dans la Palestine. Avec la description générale de l'Arabie, faite par le sultan Ismaël Abulfeda. Paris, And. Cailleau, 1717. in-12, veau figures. 5 fr.

4436. **La Salle.** L'Anneau de Salomon. Paris, Béchet, 1812, 4 vol. in-12 br. n. rog. 8 fr.

Cet auteur n'est pas le général La Salle tué à Wagram : il s'agit du Mis de La Salle, qui fut aussi militaire, mais qui ne devint pas général, et qui né en 1734, mourut aliéné en 1818.

4437. **Lazare** (J.). La Légende des Rues. Histoire de mon temps, politique, critique et littéraire. Paris, Lacroix, 1869, 3 tomes en 1 vol. pet. in-8, demi-veau rose, front. 6 fr.

4438. **Lebeuf** (l'abbé). Histoire de la ville et de tout le diocèse de Paris. Nouvelle édition annotée et continuée jusqu'à nos jours par H. Cocheris. Paris, Durand, 1863, 3 vol. in-8, demi-veau, tr. jasp. 25 fr.

4439. **Le Faure** (G.). Les aventures de Sidi-Froussard. Paris, Didot, 1894, in-4, br. 8 fr.

Nombreuses illustrations de Fau et Vallet.

4440. **Lemoyne** (André). Légendes des bois et chansons marines. Paris, Charpentier, 1881, in-4, demi-mar. rouge, tr. dor. papier teinté. 10 fr.

Nombreux dessins de Léon de Bellée texte encadré.

4441. **Lenglet Dufresnoy.** Histoire de Jeanne d'Arc, vierge, héroïne et martyre d'état : succitée par la Providence pour rétablir la monarchie françoise. Paris, 1753, 2 vol. in-12, veau, port. 4 fr.

4442. **Le petit citateur.** Notes érotique et pornographiques. Recueil de notes et d'expressions anciennes et modernes sur les choses de l'amour, etc, par Jules Choux, 1 vol. in-18, pap. vergé. 20 fr.

4443. **Leroy** (Ch.). Nouveaux exploits du colonel Ramollot. Paris, Marpon in-12 br. 3 fr.

Exemplaire sur papier de hollande avec le frontispice de Kauffmann en deux états.

4444. **Le Roy de Ste Croix.** Le Chant de guerre pour l'armée du Rhin ou la Marseillaise. Strasbourg, 1880, gr. in-8, demi-mar. rouge avec coins tête dor., n. rog., couv. 10 fr.

Portrait de Rouget de l'Isle en médaillon sur Chine, figure et musique.

4445. **Le Sage.** Histoire de Gil Blas de Santillane. Paris, Le Jay, 1771, 4 vol. in-12, veau, tr. marb. figures. 8 fr.

4446. **Le Sage.** Histoire de Gil Blas de Santillaune avec une notice sur la vie et les ouvrages de Lesage par Eloi Johanneau. Paris, Dalibon, 1829, 5 vol. in-12, demi-veau, olive ébarbés. 5 fr.

4447. **Les restes** de la guerre d'Estampes par le sieur Hemard précédés d'une notice sur la vie et les écrits de l'auteur par Paul Pinson. Paris, 1881, in-12, br. 4 fr.

René Hemard seigneur de Danjouan naquit à Etampes en 1622. René Hemard après la mort de son père se rendit à Angers. Il fréquenta les salles d'armes et les femmes faciles. Après un voyage qu'il fit à Rome en 1650, il rentra à Etampes. C'est alors qu'une catastrophe épouvantable vint fondre sur sa ville natale. Le 23 avril 1652, l'armée des Princes commandée par le Comte de Tavannes, s'emparait par surprise du faubourg St Pierre qui fut immédiatement occupé ainsi que toute la ville.

René Hemard n'a donné que le recueil d'épigrammes sous le titre singulier. Les Reste de la Guerre d'Etampes, ces différentes pièces sont de la plus haute curiosité et dignes de figurer dans le Cabinet Satyrique.

4448. **Le Vayer de Boutigny** (Roland). Mitridate. Paris, Toussainct, Quinet 1648. 4 parties, formant 4 volumes in-12, demi-mar. bleu avec coins tr. dor. (Petit-Simier). 28 fr.

Frontispice gravé, roman très bien écrit.

4449. **Livre** (Le) du roy Modus et de la royne Racio. Nouvelle édition conforme aux manuscrits de la bibliothèque royale, ornée de gravures faites d'après les vignettes de ces manuscrits fidèlement reproduites avec une préface par Elzéar Blaze. Paris, Elzéar Blaze, 1839, gr. in-8, br. pap de hollande. 80 fr

Jolie édition rare, imprimée en caractères gothiques, orné de vignettes gravées sur bois tirées des anciens manuscrits. Ouvrage sur la chasse très rare.

4450. **Magny** (Olivier de). Les Gayetés. — Les Soupirs. — Les Amours, réimp. textuelle de l'édition de Paris, 1554, précédée de la vie de l'auteur par Colletet publiée par M. P. Blanchemain. Turin, Gay, 1869-1870, 2 tomes en 1 vol. in-4. port, demi-rel. mar. lavall. coins, dos orné, tête dor. n. rog. (Champs). 30 fr.

4451. **Mahalin** (Paul). Les Jolies actrices de Paris. Paris. Tresse, 1878, in-12, demi-mar., gr. avec coins, tête dor. n. rog. couv. 6 fr.

4452. **Maitre Pierre** ou jeunesse et folie, histoire plus que véritable, précédée d'une dédicace à l'auteur de l'enfant du carnaval. Paris, an XI 1803, 3 vol. in-12, veau. 3 fr.

3 figures de Huot gravées par Delvaux.

4453. **Malte-Brun**. Géographie universelle ou description de toutes les parties du monde. Paris, Furne, 1847, 6 vol. gr. in-8, demi-rel. chag. fig. 25 fr.

4454. **Marana**. L'Espion dans les cours des princes chrétiens ou lettres et mémoires d'un envoyé secret de la porte dans les cours de l'Europe. Cologne, 1710. 6 vol. in-12, veau. 15 fr.

Nombreuses figures gravées.

4455. **Marchand**. Mon radotage et celui des autres. A Bagatelle, 1759, in-8, veau tr. rouges. 3 fr.

4456. **Marguerite de Valois**. Les Nouvelles de Marguerite reine de Navare. Berne, chez Beat Louis Walthard, 1780-1781, 3 vol. in-8, front., fig. et vign. de Freudenberg et Duncker, mar. rouge, lie de vin, dos ornés plats avec fil. droits et courbés, tr. dor. (Capé). 700 fr.

Superbe exemplaire relié sur brochure, provenant de la bibliothèque de M. E. Paillet avec son ex-libris et sa signature autographe. Cette jolie édition est illustrée d'un front. dessiné par Dunker gravé par Eichler et de 73 fig. par Fredenberg et gravées par Halbou, de Longueil, Leroy, Thiébault, Guttenberg, etc., de 72 en-têtes et de 71 culs-de lampe dessinés par Dunker. Belles. épreuves.

4457. **Marin**. Mémoire sur l'ancienne ville de Tauroentum. — Histoire de la ville de la Ciotat. — Mémoire sur le port de Marseille. Avignon, 1782, in-12, demi-toile, non rog. 2 fr.

Plan de la ville et du port de Tauroentum.

4458. **Masque** (le) de fer échos illustrés du Figaro. Paris, au bureau du Figaro, 1878, in-fol. cart. tr. dor. 5 fr.

Nombreuses illustrations.

4459. **Mauléon de Granier**. Mémoires de la reine Marguerite. Paris Cl. Barbin, 1661. in-12, veau. 10 fr.

Piqures de vers.

4460. **Mauvillon** (de). L'histoire de Gustave Adolphe dit le Grand et de Charles-Gustave, compte palatin. Paris, Cramoysi, 1695, in-12, veau. 3 fr.

4461. **Meissonier**. Exposition. Galerie G. Petit. Paris, 1893, in-4, br. 45 fr.

Portrait et 50 eaux-fortes. Envoi autographe de Ch. Meissonnier.

4462. **Mélanges** publiés par la société des bibliophiles français. Paris, Firmin Didot, 1832, 2 vol. gr. in-8, demi-mar. rouge, n. rog. 200 fr.

Exemplaire du Chevalier Langlès n° 19 ouvrage très rare.

4463. **Mémoires de Mr L. C. D. R.** (le Comte de Rochefort) contenant ce qui s'est passé de plus particulier sous le ministère de Richelieu et du cardinal Mazarin. A La Haye, 1681, in-8, veau marb., tr. rouges. 5 fr.

4464. **Mémoires** de **Brissot** avec des notes et éclaircissements historiques par M. de Montrol. Paris, Ladvocat, 1830, 2 vol. in-8, demi-rel. chag. 5 fr.

4465. **Mémoires** de la Duchesse de Nemours. A Cologne, 1709, in-12, veau. 5 fr.

4466. **Mémoires** (Nouveaux) des missions de la compagnie de Jésus, dans le Levant, nouvelle édition. Paris, 1753-1755, 9 vol. in-12, veau écaille, tr. marbr. 30 fr.

Planches et cartes.

4467. **Mémoires** de Maximilien de Béthune, duc de Sully, principal ministre de Henri le Grand, mis en ordre avec des remarques. Londres, 1745, 3 vol. in-4, veau. 40 fr.

Jolis portraits d'Odieuvre.

4468. **Mémoires** de Madame la Marquise de Pompadour écrits par elle-même et publiés par R. P. Paris, Lepetit, 1808, 5 vol. in-12, br. 12 fr.

4469. **Mémoires** et instructions pour les ambassadeurs ou lettres et négociations de Walsingham, ministre et secrétaire d'Etat, sous Elisabeth reine d'Angleterre. Amsterdam,

G. Gallet, 1700, in-4, mar. rouge, comp. fil., tr. dor. (Reliure ancienne, aux armes,) 30 fr.

4470. **Mémoires** et correspondance du roi Jérôme et de la reine Catherine. Paris, Dentu, 1861, 7 vol. in-8, demi-percal. n. rog. 30 fr.

Portraits.

4471. **Mémoires** et souvenir d'un pair de France. Paris, Tenon, 1829, 4 vol. in-8, cart. 10 fr.

4472. **Menagiana** ou les bons mots et remarques critiques, morales et d'érudition de M. Ménage. Amsterdam, 1716, 4 vol. pet. in-12, veau fauve, fil. 12 fr.

Frontispice gravé, répété à chaque volume.

4473. **Meneval** (Le Baron). Napoléon et Marie-Louise, souvenirs historiques. Paris, Amyot, 1844, 3 vol. in-12, demi-veau vert, dos orné. 10 fr.

4474. **Meraugis de Portlesguez**. Roman de la Table ronde, par Raoul de Houdenc, publié par H. Michelant, d'après les manuscrits de Vienne et de Turin. Avec illustrations représentant les miniatures du manuscrit de Vienne. Paris, Tross, 1869, gr. in-8 avec 19 gravures en bois, chaque page entourée d'un filet rouge, mar. r., dos orné, fil., tr. dor. (Petit.) 130 fr.

Exemplaire sur peau de vélin.

4475. **Mer** (La) des cronicques, et mirouer hystorial de France, jadis composé en latin par religieuse personne frère Robert Gaguin, et nouvellement traduict de latin en vulgaire françoys et historié par chascun livre, lequel traicte la source et origine des françoys et les faits belliqueux de tous les rois de France et aultres faitz advenuz depuis la destruction de Troye la Grant tant es pais et royaulme de France que Angleterre, Irlande, Espaigne, Cascongne, Flandres, et lieux circonvoysins et augmenté de nouveau jouxte les premiers imprimez de plusieurs faitz advenuz esditz pais depuis le joyeulx regne et advenement du tres chrestien roy de France Françoys premier de ce nom jusques au moys daoust l'an de grace mil cinq XXX. Avec les généalogies de France et annalles de Gaule, nouvellement imprimé à Paris par Jacques Nyverd. On les vend à Paris, par Françoys Regnault, 1530, in-fol, caract. goth., fig. sur bois, mar. rouge, fil., dent. int., tr. dor. (Trautz-Bauzonnet.) 300 fr.

Bel exemplaire.

4476. **Mouhy** (de). Le Répertoire de toutes les pièces restées au théâtre françois, avec la date, le nombre des représentations, et les noms des auteurs vivans, dédiée à Mgr le duc de Chartres. Paris, Vve Pissot, 1753, in-16, veau. 6 fr.

4477. **Menestrier**. La nouvelle méthode raisonnée du blason, pour l'apprendre d'une manière aisée, réduite en leçons, par demandes et par réponses. Lyon, P. Bruyset, 1754, in-12, veau. 3 fr.

Frontispice et nombreux blasons gravés dans le texte.

4478. **Mirouer** (le) et exemple. Moralle des enfants ingratz pour lesqlz les pères et mères se détruisent pour les augmenter qui en la fin les desconnoissent, in-8, br. 4 fr.

Réimpression faite en 1836 de cette moralite à 18 personnages composée par Tyron, tirée à 66 exemplaires et devenue très rare.

4479. **Moine** (le) marchand ou traité contre le commerce des religieux, composé en latin par Renatus a Valle (Théophile Renaud, jésuite). Amsterdam, P. Brunel, 1761, 2 vol. in-12, veau. 3 fr.

Frontispice et fleurons gravés sur les titres.

4480. **Molière**. Œuvres. Nouvelle édition. A Paris, chez Cavelier, 1749, 8 vol. in-12 veau, tr. rouges, dos ornés. (Mouillures). 10 fr.

1 portrait d'après Mignard et 32 figures gravées par Fessard d'après Boucher.

4481. **Molière**. Théâtre complet, publié avec la préface de 1682, annotée par G. Monval. Paris, Jouaust, 1882, 8 vol. in-12, br. 14 fr.

4482. **Monacologie**. Paris, Paulin, 1844, in-12, demi-mar. lavall. tr. jasp. 3 fr.

Figures sur bois.

4483. **Montigny**. Les aventures de garnison. Paris, 1824, 2 tomes en 1 vol. in-12, demi-rel. veau. 5 fr.

Aventures galantes.

4484. **Monchablon**. Dictionnaire abrégé d'antiquités pour servir à l'intelligence de l'histoire ancienne tant sacrée que profane et à celle des auteurs grecs et latins. Paris, Desaint et Saillant, 1760, in-12 veau. 1 fr. 50

4485. **Mongez** (A.). Histoire de la reine Marguerite de Valois, première femme du roi Henri IV. Paris, Ruault, 1777, in 8, veau, tr. rouges. 5 fr.

4486. **Montaiglon**. Le Romant de Jehan de Paris, roy de France. Paris, Picard, 1867, in-12 mar. viol., tr. dor., papier fort. 3 fr. 50

4487. **Montaigne**. Essais, précédés d'une étude biographique et littéraire par A. Delvau. Paris, Bry, 1859, 2 vol. in-8, br., fig. 4 fr.

4488. **Montaigne**. Les essais suivis d'une notice sur sa vie et ses ouvrages par E. Courbet et Ch. Royer. Paris, Lemerre, 1872. 4 vol. in 8, brochés neufs. 40 fr.

Exemplaire en grand papier de Hollande tiré à 150 exemplaires. Publié à 80 fr.

4489. **Muller**. Voyages et découvertes faites par les Russes le long des côtes de la mer glaciale et sur l'océan oriental tant vers le Japon que vers l'Amérique, on y a joint l'histoire du fleuve Amur et des pays adjacens, depuis la conquête des Russes, le tout traduit par Dumas, Amsterdam, 1766, 2 vol. in-12, veau. 3 fr.

Avec une carte.

4490. **Muse** (La) chrestienne, ou Recueil des poésies chrestiennes tirées des principaux poètes français. Avec un discours de l'influence des astres, du destin ou fatalité, de l'interprétation des fables et pluralité des dieux introduits par les poètes, contenu en l'avant propos de l'auteur de ce recueil. A Paris, chez Gervais Malot, rue Saint-Jacques à l'enseigne de l'Aigle d'or, 1582, in-12, mar. r., jans. dent. int., tr. dor. (Thibaron-Joly.). 70 fr.

L'éditeur dit qu'il a tiré ces poésies des six premiers et plus excellents poètes que la France ait encore portés, qui sont Ronsard, du Bellay, Jodelle, Baïf, Remi Belleau et Desportes.
Bel exemplaire.

4491. **Muses** (Les) du foyer de l'Opéra, sur l'édition du café du Caveau. Bruxelles, Kistemaeckers, 1883, in-8, br. papier teinté. 8 fr.

Illustrations d'Amédée Lynen. Publié à 25 fr.

4492. **Musée de Tzarskoé-Selo**, ou Collection d'armes de Sa Majesté l'Empereur de toutes les Russies. Ouvrage composé de 180 planches lithographiées par Asselineau, avec une introduction historique par F. Gille. Saint-Pétersbourg et Carlsruhe, 1835-1853, 2 vol. gr. in-fol., demi-rel. mar. rouge, non rognés. 350 fr.

Bel exemplaire. Quelques taches de rousseur dans le papier comme tous les exemplaires.

4493. **Musset**. Œuvres. Paris, Charpentier, 1856-1867, 9 vol. in-12, demi-chag. rouge, tr. jasp. 28 fr.

Comprenant : Premières poésies, 1 vol. Contes, 1 vol. — Nouvelles poésies, 1 vol. — Confession d'un enfant du siècle, 1 vol. — Œuvres posthumes, 1 vol. — Nouvelles, 1 vol. — Comédies et proverbes, 2 vol. — Mélanges, 1 vol.

4494. **Musset**. (A. de). La confession d'un enfant du siècle, avec 10 compositions de P. Jazet gravées à l'eau-forte, par E. Abot. Paris, librairies-imprimeries réunies, 1891, gr. in-8 mar. vert orn. de fil. sur les plats, doublé de mar. rouge, 5 fil. mors. de mar. vert, doubles gardes, tr. dor. sur brochure, couv. (Raparlia). 200 fr.

L'un des 50 exemplaires tirés sur papier du Japon, imprimés pour M. A. Ferroud. Exemplaire n° 20 contenant les gravures en 3 états dont l'eau-forte pure.

4495. **Mutio**. Le Combat de Mutio justinapolitain, avec les réponses chevaleresses. Auquel est amplement traitté du légitime usage des combats, et de l'abus qui s'y commet ; si qu'il peut servir de droicts regle à la noblesse, pour la défense de l'honneur ; et aux princes de moyen très seur en l'octroi d'iceux, combats, traduict d'italien en françois par Antoine Chapuis. Dauphinois, Nouvellement reveu et corrigé. A Lyon, par Ant. Tardif, 1582, in-8 de 426 pp. inexactement chiffrés et 13 ff. de table, mar. rouge, jans., dent int., tr. dor. (Trautz Bauzonnet). 175 fr.

Très bel exemplaire de ce livre rare qui contient des détails très curieux sur les duels, rencontres en champ clos, combats singuliers, etc., et les droits des nobles et chevaliers en ces occasions. L'auteur décrit avec soin toutes les circonstances qui peuvent advenir avant, pendant et après le combat. On y trouve aussi des anecdotes presque toutes inédites, des faits historiques, concernant les chevaliers de France et d'Italie.

4496. **Nadaud** (Gust.). Chansons choisies. Paris, Ateliers de reproductions artistiques. 1882, 2 vol. pet. in-fol. demi-chag. rouge avec coins, tête dor., éb. 50 fr.

Illustré par ses amis.

4497. **Napoléon III**. Œuvres. Paris, Amyot. 1854, 4 vol. in-8, br. 10 fr.

4498. **Napoléonium** (Le). Monographie du Louvre et des Tuileries réunis, avec une notice historique et archéologique. Paris, Grim, 1856, in-fol., demi-mar. vert avec coins jans., tête dor., n. rog. (Petit). 35 fr.

61 planches. On a ajouté 5 vues du Louvre et des Tuileries du XVIIe siècle, très curieuses, montées sur onglets.

4499 **Nebel** (C.). Voyage pittoresque et archéologique dans la partie la plus intéressante du Mexique. Paris, 1836, in-fol. demi-rel. 40 fr.

50 planches lithographiées, dont plusieurs sont en couleurs.

4500. **Negri** (Cesare detto il Trombone). Nuove inventioni di balli. Le Gratie d'Amore, opera divisa en tre trattati. In Milano, appresso Girolamo Bordone, 1604, in-fol., v. brun. 300 fr.

Ouvrage rare, renfermant portrait de l'auteur et 58 figures dessinées par Mauro Revera, gr. par L. Pallavicino, représentant des personnages des deux sexes en riches costumes de cour.

4501. **Nodier** (Ch.). Promenade de Dieppe aux montagnes d'Ecosse. Paris, Barba, 1821, in-8, demi-rel. veau. 10 fr.

Figures coloriées, cartes.

4502. **Nodier** (Ch.). Histoire du roi de Bohême et de ses sept châteaux. Paris, Delangle, 1830, in-8, mar. chag. rouge, dent. int., fil. à froid, tr. dor. 25 fr.

Portrait et vignettes dans le texte.

4503. **Nodier** (Ch.) Description raisonnée d'une jolie collection de livres. Paris, Techener, 1844, in-8, percal. tête jasp., n. rog. 10 fr.

Avec la table des prix.

4504. **Nodier** (Charles). Contes. Paris. Hetzel, 1846, gr. in-8, demi-percal. ébarbé. 12 fr.

Premier tirage. 8 eaux-fortes de Tony Johannot. Quelques piqûres.

4505. **Noel du Fail**. Les Contes et Discours d'Entrapel. S. l., 1732, 2 vol. in 12, veau fauve, fil., dos orné, front. 8 fr.

4506. **Norden** (Fr. Lewis). Travels in Egypt and Nubia. Enlarged with observations from ancient and modern authors. theat have written on the antiquities of Egypt by Dr Peter Templeman. London, 1757, 2 vol. in-fol., veau ant. 50 fr.

Frontispice, portrait et 159 belles planches.

4507. **Norden** (F. L.). Voyage d'Egypte et de Nubie, nouvelle édition avec des notes et des additions tirées des auteurs anciens et modernes et des géographes arabes par Langlés. Paris, Didot, 1795, 3 tomes en 2 vol. in-fol., demi-rel. veau, n. rog. 50 fr.

Exemplaire en grand papier vélin. 168 planches.

4508. **Normandie** (La) illustrée, monuments, sites et costumes de la Seine Inférieure, de l'Eure, du Calvados, de l'Orne et de la Manche. Paris, Charpentier, 1854, 2 vol. in-fol., demi-chag. laval., n. rog. 100 fr.

Nombreuses lithographies par les premiers artistes de Paris. Les costumes sont dessinés et lithographiés par M. Lalaisse.

4509. **Notables ensei | gnements** adages et proverbes : faitz et com | posez par Pierre Grigore dit Vauldemot | herault darmes de hault et puissant | seigneur monsieur le duc de Lorrai | ne / nouvellemēt reveuz et cor | rigez avecqz plusieurs | aultres adioustez | oultre la prece | dente im | pression. On les vend en la grant salle du Palays au | premier pillier / en la boutique de Galliot du pré | marchant libraire iuré de luniversité de Paris (A la fin :) Fin des notables / enseignements / dit Vauldemōt / avecques plusieurs autres | nouvellement adioustez et imprimez à Pa | ris / p Nicolas Couteau / imprimeur demou | rant audit lieu | et furēt achevez dimprimer | le XXVI jour du moys de janvier / l'an de | grâce mil cinq cens vingt et huyt (1528). in-8, goth. mar. citron, dos orne, fil., tr. dor. (Rel. anc.) 180 fr.

Seconde édition de ce livre rare, plus complète que la première : c'est la même que celle qui est décrite au « Manuel », mais avec une autre marque de libraire ; elle comprend 2 ff. prél. et 123 ff. chiff. (le dernier coté par erreur 133) et 1 f. non chiff. contenant au verso la marque de Galliot du Pré ; au verso du second feuillet on remarque une figure sur bois représentant Gringore offrant son livre au roi Louis XII, gravée par Tory.

Exemplaire atteint par l'humidité dans le fond des marges et restauré dans le bas des premiers ff. ; il provient de la bibliothèque Firmin-Didot. Au bas du titre, on lit cette signature : « de La Fontaine » qu'on croit être celle du grand fabuliste dans son jeune âge.

4510. **Nougaret**. Suzette et Perrin, ou les dangers du libertinage. Londres et Paris, Bastien, 1780, 2 tomes en 1 vol. in-12, veau. 5 fr.

Ce sont les aventures d'une villageoise et de son amant.

4511. **Nougaret** (P. J.-B.). Histoire des prisons de Paris et des départements ; contenant des mémoires rares et précieux le tout pour servir à l'histoire de la Révolution française, notamment à la tyrannie de de Robespierre et de ses agents et complices. A Paris, l'an v, juin 1797, 4 vol. in-12, demi-veau. 8 fr.

Huit gravures, exempl. fatigué.

4512. **Nouveau Testament** (Le) de Nostre Seigneur Jésus-Christ, traduit sur l'ancienne édition latine, corrigée par le commandement du pape Sixte V, et publiée par l'autorité du pape Clément VIII, avec des notes sur les principales difficultez, la chronologie, la controverse et plusieurs tables pour la commodité du lecteur, par le R. P. D. Amelote. A Paris, chez François Muguet, 1688, 2 vol. in-4, front. gravé, mar. bleu, large dent., dos ornés, tr. dor. (Rel. anc.). 150 fr.

Très bel exemplaire réglé.

4513. **Nouvelle** instruction pour les confitures, les liqueurs et les fruits avec la manière de bien ordonner un dessert... suite au cuisinier roial et bourgeois. Paris, Prudhomme, 1708, in-12, veau ant., fig. 8 fr.

4514. **Nus** (Eug.). et Antony **Meray**. Les Papillons, métamorphoses terrestres des peuples de l'air, par Amédée Varin. Paris, Martinon et De Gonet, s. d., 2 vol. gr. in-8, cart. de l'époque, n. rog. 40 fr.

34 planches coloriées. Bel exemplaire.

4515. **Offrandes** des muses Allemandes aux Français, s. l. n. d., (1820), in-12 oblong, cart. 3 fr.

Jolie figure pliée. 1er Opuscule.

4516. **Olivier** (Jacques). Alphabet de l'imperfection et malice des femmes. Paris, Barraud, 1876, in-8, demi-mar. citron, tête dor., n. rog., dos orné, couv., figures. 8 fr.

4517. **Ovide**. Les Métamorphoses d'Ovide, gravées sur les dessins des meilleurs peintres français par les soins des sieurs Le Mire et Basan, graveurs. Paris, chez Basan et Lemire, graveurs, 1767, gr. in-8, front. gravé, 140 gravures d'après Eisen, Moreau, Boucher, etc., mar. vert. 200 fr.

Très belles épreuves, premier tirage, à la fin le cul-de-lampe de Choffard avec médaillons, lettres grises, noms à la pointe.

4518. **Paradin** (G.). Historiarvm memorabilivm ex Genesi Descriptio, per Gulielmum Paradinum. Lvgdvni, apvd Ioan. Tornæsivm, M. D. LVIII (1558). — Historiarvm memorabilivm ex Exodo, sequentibus libris Descriptio, per Gulielmum Borluyt. Lvgdvni, apvd Ioan. Tornæsivm, 1558. — Figures du Novveav Testament. A Lion, par Ian de Tovrnes, 1556. — En 1 vol. in-8, veau brun, comp. à fil., ornem., tr. cis. et dor. (Reliure du temps). 120 fr.

4519. **Paradoxes**, ce sont propos contre la commune opinion : debatuz, en forme de declamations forẽses : pour exerciter les jeunes esprits, en causes difficiles. Reveuz et corrigez pour la seconde fois. A Paris, par Charles Estienne, imprimeur du Roy, 1553. — Paradoxe que le plaider est chose tres utile, et necessaires à la vie des hommes. A Paris, par Charles Estienne, imprimeur du Roy, 1554. — Ens. 2 ouvrages en 1 vol. pet. in-8, mar. r. jans., dent. int., tr. dor. (Trautz-Bauzonnet). 80 fr.

Seconde édition sous cette date de la traduction par Ch. Estienne des « Paradossi » d'Ortensio Landi. Le second ouvrage qui est de la composition de Ch. Estienne est un opuscule de 16 pp. extrêmement rare.

Bel exemplaire avec témoins provenant de la bibliothèque Firmin-Didot.

4520. **Paraphrase** des litanies de Notre-Dame de Lorrette, par un serviteur de Marie. A Augsbourg, 1781, in-12, veau fauve ancien, fil., tr. dor. 20 fr.

56 jolies figures de Klauber.

4521. **Parfaict** (les frères). Histoire du théâtre françois depuis son origine jusqu'à présent ; avec la vie des plus célèbres poètes dramatiques, des extraits exacts et un catalogue raisonné de leurs pièces accompagnés de notes historiques et critiques par les frères François et Claude Parfaict. Amsterdam, aux dépens de la Compagnie et Paris. Lemercier, 1735-49, 15 vol. in-12, veau. 70 fr.

Ouvrage estimé et curieux, qui est de toute rareté.

4522. **Paris** à travers les âges, aspects successifs des monuments et quartiers historiques de Paris depuis le XIIIe siècle jusqu'à nos jours. Paris, Didot, 14 livraisons in-fol., fig., planches en noir et en couleur. 165 fr.

4523. **Paris pittoresque**. Nouvelle édition revue et corrigée avec soin, augmentée d'un plan de Paris et des fortifications. Paris, 1842, 2 vol. gr. in-8, br. 5 fr.

4524. **Parival** (de). Abrégé de l'histoire de ce siècle de fer contenant les misères et calamitez des derniers temps avec leurs causes et prétextes, jusques au couronnement du roy des Romains, Ferdinand IV, fait vers la fin de l'esté de l'an mil six cens cinquante-trois. Sur l'imprimé à Leyde, 1654, fort in-8, vélin. 2 fr. 50

4525. **Parnasse satyrique** (Le) du sieur Théophile, S. l. (Hollande), 1660, pet. in-12, mar. citron, fil., dos orné, doublé de mar. olive, large dent. à petits fers, tr. dor. (Thibaron-Joly). — Le Cabinet satyrique ou recueil parfait des vers piquans et et gaillards de ce temps, tiré des secrets cabinets des Sieurs de Sigognes, Regnier, Mottin, Berthelot, Maynard, et autres des plus sign lés poëtes de ce siècle ; dern. édition, reveue, corrigée, et de beaucoup augmentée. S. l. (à la Sphère), 1666, 2 vol. pet. in-12, front. gravé, maroq. citron, fil., dos orné, doublé de mar. olive, large dent. à petits fers, tr. dor. (Thibaron Joly). 600 fr.

Edition fort jolie, que l'on fait entrer dans la collection des Elsevier. — Elle est sortie des presses de Hackius à Leyde. — Bel exemplaire, reliure uniforme.

4526. **Patin** (Ch.). Relations historiques et curieuses de voyages en Allemagne, Angleterre, Hollande, Bohême, Suisse, etc. Lyon, Cl. Muguet, 1674, pet. in-12, veau, cartes. 3 fr.

4527. **Paulin** (Paris). Les Manuscrits français de la bibliothèque du Roi, leur histoire et celle des textes Allemands, Anglois, Hollandois, Italiens, Espagnols, de la même collection. Paris, 1836-1848, 7 vol. in-8, demi-chag. viol. 35 fr.

4528. **Péladan** (Jos phin). L'Imitation sentimentale. Paris. Edinger, 1887, gr. in-8, demi-mar. rouge avec coins, tête dor., n. rog., couv. (Bretault). 10 fr.

4529. **Pensées** morales de Confucius, recueillies et traduites du latin par M. Levesque. Paris, Didot, 1782, in-18, mar. rouge, fil., tr. dor., dos orné (Derôme). 10 fr.

Charmante reliure ancienne.

4530. **Percier** et **Fontaine**. Palais, maisons et autres édifices modernes, dessinés à Rome, publiés à Paris, l'an VI. Paris, Ducamp, s. d., in-fol., pl., cart. 45 fr.

100 planches.

4531. **Perrault**. Contes de fées. — Suite de 16 eaux-fortes non signées en un vol. in-16, cart. 10 fr.

4532. **Petrone** latin et françois, traduction entière suivant le manuscrit trouvé à Belgrade en 1688, s. l., 1713, 2 vol. in-8, veau fauve, tr. rouges. 5 fr.

Nombreuses figures.

4533. **Pinelli** Nuova Raccolta di cinquanta motiva pittoreschi e costumi di Roma, incisi all' acqua forte da Bartolomeo Pinelli Romano. In Roma, 1810, presso Lorenzo Lazzari, in-4, cart. en vélin. 30 fr.

Titre avec portrait de l'auteur et 49 eaux-fortes, costumes et scènes de mœurs. A la suite : « Raccolta di 50 costumi di Roma e sue vicinanze tuli da Bartolomeo Pinelli incisi attaqua forte d Gaetano Cottafava. Roma, 1826, in-4, titre et 50 planches.

4534. **Plaisante** (la) et triumphante histoire des hauts et cheualereux faicts d'armes du tres-puissant et très-magnanime, et très victorieux prince Meliadius, dit le cheualier de la Croix, fils vnique de Maximian, empereur des Allemaignes. Le tout mis en françois par le Cheualier du Clergé, humble orateur. Nouuellement reueu et corrigé. A Lyon, par Benoist Rigaud, 1581, in-8, mar. rouge, coins dorés, dos orné, dent. int., tr. dor. (Belz-Niedrée.) 120 fr.

Traduction du roman de Leandro El Bel intitulé : « Libro del invincible cavallero Lopolemo hijo del emperador de Alemana, y de los hechos que hizo llamandose et cavallero de la Cruz. » Le premier livre espagnol parut pour la première fois en 1524. (Voy. Cat. Salvâ, II, n° 1632).

4535. **Plantes** (Les) à feuillage coloré, recueil des espèces les plus remarquables servant à la décoration des jardins, des serres et des appartements par M. E. J. Lowe et W. Howard. Paris, Rothschild, 1865, gr. in-8, demi-chag. lavall. plats toile, tr. dor. 15 fr.

Illstré de 60 gravures coloriées et de 46 gravures sur bois.

4536. **Platon**. Œuvres traduites par V. Cousin. Paris, Rey, 1846, 13 vol. in-8, demi-veau fauve avec coins. 90 fr.

Edition très estimée. Mouillures au tome 1er.

4537. **Platynæ de honesta uoluptate** : et ualitudine : uel de obsoniis et Arte Coquinaria libri decem. — (A la fin :)... Venetiis Bernardinus Venetus impressit Anno Domini MIID (1498), in-4, mar. viol. dentelles, dos orné, tr. dor. (Chambolle-Duru). 200 fr.

Hain, n° 13055.

4538. **Plumier** (Charles). Traité des Fougères de l'Amérique. A Paris, de l'Imprimerie royale, 1705, in-fol., v. ant. marb.

Volume rare contenant 172 planches avec le texte explicatif.

4539. **Poetarum** veterum ecclesiasticoru. Opera christiana et operum reliquæ atq. fragmenta emendatus digestus et studia G. Fabricii Chemnicensis, Basilæ, 1564, 2 parties en 1 vol. in-4, ais en bois recouv. peau de truie estampée, fermoirs en cuivre. 40 fr.

Curieuse reliure portant sur le plat recto le port. de la duchesse de Saxe et ses armoiries sur le plat verso.

4540. **Polaidor**. Le Festin nuptial dressé dans l'Arabie heureuse au mariage d'Esope, de Phèdre et Pilpaï avec trois fées, divisé en trois tables, A Pirou, en Basse-Normandie, chez Florent A-Fable, à l'enseigne de la Vérité dévoilée, 1700, in 8, maroq. rouge, fil., tr. dor. (rel. anc.). 100 fr.

Bel exemplaire d'un ouvrage très-rare.

4541. **Portalis** (Roger) et H. **Béraldi**. Les Graveurs du dix huitième siècle. Paris, Morgand, 1880, 2 vol. in-8, br. 35 fr.

Exemplaire sur papier Wahtmam. Tome 1er, formant 2 parties, publié à 80 fr.

4542. **Pot-Pourri** (Le). Ouvrage nouveau de ces dames et de ces messieurs. Amsterdam. Aux dépens de la Compagnie, 1748. in-12, mar. rouge jans., dent. int., tr. dor. (Belz-Niédrée). 25 fr.

Attribué à Lefèvre de Troyes, ou au comte de Caylus. Contient : Aphranor et Bellanire. — Mélazie. — La princesse Minon-Minette et le prince Souci. — Le Prince Ananas et la princesse Moustelle. Histoire de la fille du roi des Esprits. — Lettre sur une aventure véritable.

4543. **Poussin**. Les Etats-Unis d'Amérique, mœurs, usages et coutumes politiques. Paris, 1874, in-8, br. 2 fr.

4544. **Prarond** (Ernest). Airs de flute sur des motifs graves. Paris, 1866, pet. in 8, broché. 5 fr.

4545. **Le Premier** (et second) volume | des catholiques œuvres et actes des apostres redigez en | escript par Saint Luc évangéliste et historiographe depute | par le saint Esprit, ycelui sainct Luc escripvant a Theophile, avecques | plusieurs histoires en ycellui enserrez des gestes des | Cesars et les demonstrances des figures de l'Apocalypse | veues par sainct Jehan Zebedée en lisle de Pathmos soubs Domician Cesar avec les cruaultez tant de Neron | que dicelluy Domician Cesar. Le tout veu et corrige | bien et deument selon la vraye vérite, et ioue par | personnages à Paris en l'hostel de Flandres | l'an mil cinq cens XLI. Paris, les Angeliers, 1541, 2 vol. in-fol. goth. à 2 col. fig. sur bois à la fin du second vol., mar. citron, dos orné, fil. tr. dor. (Rel. anc.) 250 fr.

Edition la plus recherchée. Cet exemplaire contient à la suite du tome II : Lapocalypse Sainct-Jehan Zébédée, 1541, 46 ff. ch, et 1 f. contenant au recto la marque des imprimeurs.

Le titre du premier vol. et le 2e f. de la table ainsi que les 3 derniers ff. de l'Apocalypse sont refaits à la plume. Quelques raccommodages.

4546. **Premier** (Second et tiers) (Le) volume des Illustrations de la Gaulle Belgique, antiquitez du pays de Haynau et de la grâd cité de Belges ; à présent dicte Bauay ; dont procèdent les chaussées de Brunchault. Et de plusieurs princes qui ont regne et fondé plusieurs villes et citez audit pays et aultres choses singulières et dignes de mémoire advenues durât leurs règnes jusques au duc Phillippes de Bourgogne, dernier décédé. On les vend à Paris en la grand salle du Palais au premier pillier en la boutique de Galliot Dupre marchant libraire juré de l'université de Paris, M C XXXI, in-fol., caract. gothiques, 3 tomes en 1 vol. in-fol. veau fauve anc., dos orné, tr. rouges. 100 fr.

4547. **Premier** duel de Pierrot, parodie en un acte et en vers par Le Grand Jacques. Paris, Librairie de l'eau forte, gr. in-8, demi-chag. citron, tr. dor. 7 fr.

3 eaux-fortes de H. Somm et de Courtois.

4548. **Prévost** (l'abbé). Manon Lescaut. Paris, Jouaust, 1867, in-8, demi-mar. rouge, tête dor., n. rog., couv., papier de Hollande. 10 fr.

4549. **Prévost** (l'abbé). Histoire de Manon Lescaut et du chevalier dès Grieux. Paris, Launette, 1889, gr. in-8, cart., tr. dor. 10 fr.

Illustrations de Maurice Leloir.

4550. **Prevost** (l'Abbé). Aventures du chevalier des Grieux et de Manon Lescaut. A Londres, 1734, in-12 mar.

rouge jans. tr. dor. dos orné (Thibaron-Joly). 60 fr.

Edition rare et estimée.

4551. **Prideaux**. Histoire des Juifs et des peuples voisins, depuis la décadence des royaumes d'Israël et de Juda jusqu'à la mort de Jésus-Christ. A Amsterdam, chez Henri du Sauzet, 1728. 6 vol. in-12, cartes et fig., mar. rouge, dos orné (à l'oiseau), dent. tr. dor. (Rel. anc.). 200 fr.

4552. **Prisse** (E.). The Oriental Album. London, 1846. — Vues de Blacherne Melnitza, domaine de M. le prince Serge Galitzin. Paris, 1841. — Ens. 2 ouvrages en 1 vol. in-fol. pl. lithog. noires et teintées, demi-rel. chag. r. 35 fr.

Les blanches sont montées sur onglets.

4553. **Privat-Deschanel** et **Ad. Focillon**. Dictionnaire, général des sciences théoriques et appliqué. Paris, Delagrave, 1870, 2 vol. gr. in 8, demi-chag. rouge, plats toile. 12 fr.

Figures dans le texte.

4554. **Procès de Louis XVI** ou collection complète des Opinions. Discours et mémoires des membres de la Convention nationale sur les crimes de Louis XIV. Paris, 1795, 9 tomes en 7 vol. in-8, demi-rel. 30 fr.

Ouvrage enrichi de pièces justificatives mises sous les yeux de la Convention, et dont elle a ordonné l'impression, telles que celles qui ont été trouvées chez l'Intendant de la liste civile dans l'armoire de fer.

4555. **Procès** de Marie-Antoinette ci-devant Reine des français ou recueil exact de tous ses interrogatoires, réponses, dépositions des témoins. Paris, 1865, in-12 br., fig. 5 fr.

4556. **Procès-verbal** de la confédération des françois à Paris le 14 Juillet, 1790. Paris, 1790, in-4, cart. perc. avec coins non rog. 5 fr.

4557. **Prologues** tant sérieux que facétieux avec plusieurs galimatias, par le sieur D. L. (Deslauriers, dit Bruscambille). Imprimé à Rouen, s. d., in-12, mar. f. dos orné, fil. dent. int. tr. dor. (Duru.) 50 fr.

Edition rare contenant 33 prologues, le dernier est le Prologue du c...

4558. **Prologues** non tant superlifiques que drolatiques nouvellement mis en veue (par Des Lauriers dit Bruscambille). Imprimé à Rouen, 1610, in-12. mar. bleu fil., dos orné, dent. int., tr. dor. (Trautz Bauzonnet). 100 fr.

Bel exemplaire, provenant de la bibliothèque. A. Bertin et La Carelle.

4559. **Proudhon** (P. J.) De la justice dans la Révolution et dans l'église. Bruxelles, 1860, 12 vol., pet. in-8, br. 6 fr.

4560. **Prudhomme**. Miroir historique, politique et critique de l'ancien et du nouveau Paris et du département de la Seine. Paris, 1809, 6 vol. in 12, demi-veau. 8 fr.

Orné de 116 figures.

4561. **Pasalmorum** Davidis et alior. Prophetarum, libri V. argum. et lat. paraphrasi illustrati, Th. Beza Vezelio auctore. Londini, Th. Vautrollerius, 1580, pet. in8-, mar. bl. du Lev., à nerfs, dos et coins ornés, mors en mar., tr. dor. 12 fr.

4562. **Publicum**. Caroli Sangrii et Josephi Capyéu nobilium neapolitanorum fumus a Carolo Austrio III. Nap. 1708, in-4 veau fil. large dent. à petits sur les plats, tr. dor. (rel. anc). 100 fr.

Reliure italienne avec armoiries sur les plats.

4563. **Puffendorf**. Introduction à l'histoire moderne, générale et politique de l univers. augmentée par M. Bruzen de La Martinière. Nouvelle édition revue, augmentée et continuée jusqu'en 1750, par M. de Grâce. Paris. Mérigot, 1753-59, 8 vol. in-4, front. tableau, v. éc. fil. tr. dor. 40 fr.

Bel exemplaire contenant 1 frontispice par Eisen, gravé par Aliamet, 8 fleurons, 1 écusson n. sig.. 1 médaillon avec portrait par Ehrenstrahl gravé par Fiquet, 32 vignettes, 23 culs-de-lampe, dont beaucoup se répètent et 25 cartes géographiques. Exemplaire en grand papier de Hollande.

4564. **Quatrelles**. A coups de fusil. Nouvelle édition. Paris, Charpentier, 1882, in-4, demi-mar. chag. rouge, tête dor. n. rog. dos orné. 15 fr.

Illustré de 30 dessins originaux hors texte par A. de Neuville.

4565. **Quatrième** Centenaire de la bataille de Morat le 22 juin 1876. Album du Cortège historique dessiné et peint d'après les costumes originaux par C. Jauslin et G. Roux. Chromolithographie des ateliers C. Knüsli à Zurich. Berne, s. d. in-4 obl. 40 pl. montées sur onglets, demi-rel. mar. r. tête dor. (V. Champs). 70 fr.

4566. **Questions** diverses, et responces d'icelles, divisées en trois livres assçavoir, questions d'amour. Questions naturelles. Questions morales et polytiques. Nouvellement traduites de Tuscan en Francoys (trad. d'Hortensius Lando). A Paris, par Nicolas Bonfons, rue Neuve Nostre Dame à l'enseigne Sainct Nicolas, 1576, in-16, mar. citron, milieu doré, dent. int. tr. dor. (Trautz-Bauzonnet). 225 fr.

Livre curieux et rare.

4567. **Quinault**. Le Théâtre. Nouvelle édition augmentée. Amsterdam, Pierre de Coup, 1715, 3 vol. pet. in-12, mar. bleu, fil., dos ornés. dent. int., tr. dor. (Petit). 50 fr.

Contient : La Mort de Cyrus. — Le Mariage de Camluse. — Le Feint Alcibiade. Les coups de l'Amour de la Fortune. — Amalasonte. — Stratonice. La Comédie sans comédie. — Le Fantosme amoureux. — La généreuse ingratitude. — L'Amant indiscret, ou le maistre étourdi. — Les Rivales. — Agrippa, roy d'Albe. — Bellerophon. — La mère Cognette. — Astrate, roy de Tyr. — Pausanias. — Alceste ou le Tromphe d'Alcide. — Les festes de l'Amour et de Bacchus. — Alcis et Galatée. — Armide (sans frontispice). — Atys. — Cadmus et Hermone. — Thésée. — Psyché.

Frontispice à chaque pièce.

4568. **Raban**. Le Curé Capitaine. Nouvelle édition revue, corrigée et augmentée. Paris, Renault. 1832, 2 tomes en 1 vol. in 12, demi-chagrin lavall. 3 fr.

4569. **Rebelais**. Les œuvres de M. François Rabelais, docteur en médecine, contenant cinq livres de la vie, faits et dits, heroyques de Gargantua et de son fils Pantagruel, plus la prognostication pantagrueline, ou Almanach pour l'an perpétuel, avec l'Epistre du Limosin Excoriateur : Et la cresme philosophale. Troyes, par Loys, 1613, 5 tomes en 2 vol. in 12, mar. orange, fil , dent. int., tr. dor., dos orné. (David.). 65 fr.

Les quatre premiers livres sont une réimpression de l'édition de 1556. Bel exemplaire.

4570. **Rabelais**. Œuvres avec remarques historiques et critiques de Le Duchat et Bern. de la Monnoye. Amsterdam, 1711. 5 vol. pet. in-8, veau brun. 15 fr.

Livre rare.

4571. **Rabelais**. Œuvres. Illustrations de Gustave Doré. Paris, Garnier, 1872-73, 2 vol. gr. in-fol., fig. et vign., cart. perc., fers spéciaux, non rog. 200 fr.

Exemplaire sur grand papier de Hollande, avec les figures avant toute lettre, sur Chine.

On a ajouté en tête du premier volume un titre « dessin original » à l'aquarelle.

— Le même, papier ordinaire, percal. rouge. 100 fr.

4572. **Rabelais**. Les cinq livres, publiés avec des variantes et un glossaire par P. Chéron. Paris, Librairie des bibliophiles, 1876, 5 vol. in-8, br. 130 fr.

Exemplaire sur papier de Chine, contenant 11 eaux-fortes par E. Boilvin en double épreuve avant et avec la lettre.

4573. **Rabelais**. Œuvres. Avec une notice et un glossaire par P. Jannet. Paris, librairie illustrée, 2 vol. in-4 dem. chag. rouge, couv. 40 fr.

Illustrations de Robida.

4574. **Racine**. Œuvres de Racine. Paris, Cl. Barbin, 1676, 2 vol. in-12, frontispices gravés et fig. de Chauveau, mar. bleu jans., doublés de mar. rouge, fil., large dent. à petits fers, tr. dor. (Chambolle - Duru). 600 fr.

Première édition originale à pagination continue des œuvres de Racine. — Exemplaire de premier tirage, conforme à la description du catalogue Rochebilière. Il ne contient pas et ne doit pas contenir la « Phèdre », qui n'est pas énoncée dans la nomenclature des pièces au verso du titre et qui n'a été imprimée en 74 pages avec un faux-titre qu'après coup pour être jointe aux derniers exemplaires restant dans les magasins de Barbin. Les exemplaires de « premier tirage », comme le nôtre, se reconnaissent à la particularité suivante : 1 Page 153, la lettre majuscule I qui commence la préface est placée au milieu d'un petit écusson formé de deux branches de laurier ; l'écusson est placé à l'envers, la base en l'air dans le premier tirage, tandis qu'il est remis à l'endroit dans tous les exemplaires de second tirage auxquels la « Phèdre » a été ajoutée.

4575. **Racine**. Œuvres. Nouvelle édition. Paris, 1741, 2 vol. in-12, veau fauve anc. 4 fr.

Frontispice à figures gravées. Edition contenant Esther et Athalie.

4576. **Racine**. Théâtre. Tours, Alf. Mame, 1876, 2 vol. gr. in-8, mar. rouge, fil., dos orné, dent. int., tr. dor., dans des étuis. (Chambolle-Duru). 250 fr.

Bel exemplaire sur Chine, orné de 23 sujets et 1 portrait gravés à l'eau-forte par V. Foulquier.

4577. **Ramsay**. Histoire du vicomte de Turenne, maréchal général des armées du roy. Paris, Vve Mazières et J.-B. Garnier, 1735, 2 vol. in-4, mar. rouge, fil., tr. dor. (Rel. anc.). 70 fr.

Portrait gravé par de Larmessin d'après Meissonier, fig. dessinées par

Bonnard, gravées par J. B. Scotin, cartes et vignettes.

4578. **Raoul-Rochette**. Monuments inédits d'antiquité figurée grecque, étrusque et romaine, recueillis et publiés par M. Raoul Rochette. Paris, impr. Roy, 1833, gr. in-fol,, fig. et pl., demi-rel. chag. r., tête dor., non rog. 55 fr.

Première partie. « Cycle héroïque » . C'est la seule partie qui ait paru.

4579. **Rationarium** evangeli | starum omnia in se evangelia | prosa, versu, imaginibusqz | quã morifice cõplectens. Habes ingenue lector quibus viis atqz argumẽtis | quæ sunt textus evangeliorũ pistincte qucas apposi | teqz reminisci, ista tibi Thomas Badensis cognomen | to Ansbelmi tradidit. vir magisterio praeditus inso | lente, studii vero quod reliquũ erat exercitationis rc I donare non potuit. Adipisceris aut si rationes prece | ptionis diligentia imitaberis u-uqz frequentiori | Valc. M. D. XXII (1522), in-4,mar. vert, dos orné, fil. dent. int., tr. dor. (Kœhler). 220 fr.

Livre rare. C'est la réimpression du fameux livre xylographique intitulé « Ars Memorandi ». Ce volume imprimé à Hageneau ou Haguenau (Hagenæ) en Alsace se compose de 10 ff. contenant quinze figures gravées sur bois d'une composition singulière. A la troisième page on lit un avis au lecteur de Georgius Simler.

4580. **Raynouard**. Choix des poésies originales des troubadours. Paris, de l'imprimerie de Firmin Didot, 1816, 6 vol. in-8, demi-mar. rouge, tête dorée. 200 fr.

Ouvrage très rare.

4581. **Recherches** sur les costumes et sur les théâtres de toutes les nations tant anciennes que modernes. Paris, Droulin, 1790, 2 vol. in-4, cart., n. rog. 100 fr.

1 portrait par Violet, gravé par Alix en couleur, et fait après son assassinat en 1792. Ce portrait manque souvent de toute beauté ; 1 frontispice en couleur et 53 figures coloriées par Chéry, gravées par Alix, Ridé et Sergent.

4582. **Recherches** sur les Théâtres de France, depuis l'année 1161, jusqu'à présent, par M. (P.-F. Godard) de Beauchamps. Paris, Prault. 1735, 3 vol. pet in-8, mar. vert, fil., tr. dor. (Rel. anc.) 150 fr.

Bel exemplaire de M. de Soleinne, aux armes de la duchesse de Grammont-Choiseul.

4583. **Reclus** (Elisée). Nouvelle Géographie universelle. La terre et les hommes. Paris, Hachette, gr. in-8, br. et reliés. Volumes séparés :

III. — L'Europe centrale, demi-chag. la vall. avec coins, tr. jasp. 12 fr.

IV. — L'Europe du Nord-Ouest, br. 15 fr.

VI. — L'Asie Russe, br. 15 fr.

4584. **Recueil** de gravures d'après des vases antiques, la plupart d'un ouvrage grec, trouvés dans des tombeaux dans le royaume des Deux-Siciles, mais principalement dans les environs de Naples l'année 1789-90, tirées du cabinet de Mgr le chevalier Hamilton et publiées par M. Guillaume Tischbein, directeur de l'Académie royale de peinture à Naples 1791-1795, 4 tomes en 5 vol. in fol., (texte anglais et français), pl. gravées au trait, parch. antique. 100 fr.

Cet ouvrage renferme plus de 250 figures gravées au trait.

4585. **Recueil** d'ornements par J. Wolff, Eisler, Weigel, Rudolph, Blondel, Schubler, Poilly, Le Pautre, Gillot, De la Joue, etc. S. l. n. d., in-4 obl. cart., tr. Jasp. 400 fr.

108 planches gravées. Tabatières, tables, ornements, chaires, tombeaux, cabinets, cheminées, cartouches, bois de fusils et de pistolets, rampes, grilles et balcons.

4686. **Recueil** de nouvelles poésies galantes, critiques, latines et françaises. Londres. Cette présente année (vers 1740), 2 vol. in-12 vélin. 6 fr.

4587. **Recueil** des pièces les plus curieuses qui ont été faites pendant le règne du connestable M. de Luyne-4e édition augmentée des pièces les plus rares de ce temps. S. l., 1628, in-12 veau. 2 fr. 50

4588. **Recueil** de pièces rares et facetieuses anciennes et modernes en vers et en prose remises en lumière pour l'esbattement des pantagruélistes avec le concours d'un bibliophile. Illustré de 107 vignettes sur bois dans et hors texte. 13 eaux-fortes tirées à part et lettres ornées. Paris, Barraud, 1873, 4 vol. in-8, br. 25 fr.

4589. **Recueil** de 150 vues des antiquités d'Angleterre. S. l. n. d. (1774), 2 vol. pet. in-fol., pl., gr. à mi-page, par Sparrow, Godfrey Pye, Roberts, etc., avec texte gravé, demi-rel. bas. 40 fr.

4590. **Recueil** de 83 portraits gravés par Saint-Aubin, Ficquet, Delvaux, Choffard, Simart, Edelinck, Desenne, etc., in-8. mar. bleu, dent., dos orné, tr. dor. (Bozérian jeune). 350 fr

Ficquet : Voltaire, P. Corneille, Vadé, Descartes, La Fontaine, J.-B, Rousseau. Choffard : La Rechefoucauld. Simart : Bayle. Saint-Aubin : Portrait de Dolomieu, dessin à la mine de plomb ; portraits de Boileau, Bossuet, Buffon, Catherine II, Charles XII, Colbert, Grand Condé. Condorcet, d'Alembert, De la Rive. Fénelon, Frédéric II, Henri IV, Hamilton, Mlle de La Vallière, Louis XV, Molière, Montaigne, Pascal, J. Racine, Mme de Sévigné, etc., etc.

4591. **Roland**. La Religion des Mahométans, exposée par leurs propres docteurs, avec des. éclaircissements sur les opinions qu'on leur a faussement attribuées. La Haye, Vaillant, 1721. in 12, veau fauve anc. 3 fr.

Figures en taille-douce.

4592. **Relation** de ce qui s'est passé en Espagne à la disgrâce du Comte-Duc d'Olivares. Amsterdam, A Michiels, 1670, in-12 veau. 3 fr.

4593. **Renan** (E.). Vie de Jésus. Paris, Lévy, 1863, in 8 br. 4 fr.

4594. **Renan** (E.). Les Apôtres. Paris, Lévy, 1866, in-8, br. 5 fr.

1re édition.

4595. **Renan** (E.). Saint Paul. Paris, Lévy. 1867, in-8 br. 5 fr.

1 carte. 1re édition.

4596. **Renée** (Amédée). Louis XVI et sa cour. Paris, Didot, 1858, in-8, demi-rel. chagr. 3 fr.

4597. **Rétif de la Bretonne**. Les Provinciales, ou histoires des filles et femmes des provinces de France dont les aventures sont propres à fournir des sujets dramatiques de tous les genres. Paris, Garnery, S. D. 12 vol. in-12, ba. 50 fr.

27 figures. La gravure du 10e volume représentant l'exécution.

4598. **Restif de la Bretonne**. La Malédiction paternelle. Lettres sincères et véritables de N******, à ses parents, ses amis, et ses maitresses. Recueillies et publiées par Timothée Joly, son exécuteur testamentaire. Leipsick et Paris, 3 vol. in-12 veau. 20 fr.

2 figures-frontispices par Binet, gravées par Berthet. Ces 3 figures comptent au nombre des mieux réussies de l'œuvre de Binet.

4599. **Restif de la Bretonne**. La Famille vertueuse, lettres traduites de l'anglais. A Paris, chés la veuve Duchesne, 1767, 4 vol. in-12, mar. rouge, fil., dos ornés, dent int., tr. dor. (Chambolle-Duru). 150 fr.

Très bel exemplaire.

4600. **Restif de la Bretonne**. La Fille naturelle. La Haie et Paris, 1769, 2 part. en 1 vol. in-12, demi-veau fauve. 10 fr.

4601. **Restif de la Bretonne**. Le Fin Matois, ou Histoire du Grand-Taquin, traduite de l'espagnol de Quévedo avec des notes historiques et politiques. La Haie, 1776, 3 vol. in-12, mar. rouge, fil., dos ornés, dent. int., tr. dor. (Chambolle-Duru). 100 fr.

Bel exemplaire,

— Le même, 3 vol. in-12, demi-vélin. 35 fr.

4602. **Restif de la Bretonne**. L'École des Pères. En France et à Paris, chez la veuve Duchêne, 1776, 3 vol. in-8, demi-rel., v. marb. 12 fr.

4603. **Restif de la Bretonne**. La dernière Aventure d'un homme de quarante-cinq ans. Genève et Paris, 1783, 2 vol. in 12, fig., demi-rel. mar. citron avec coins, fil., tr. dor. (Hardy). 25 fr.

Episode de la vie de l'auteur.

4604. **Restif de la Bretonne**. Les Veillées du Marais, ou histoire du grand prince Oribeau, roi de Mommoine ou pays d'Evinland : et de la vertueuse, princesse Oribelle de Lagenie. Imprimé à Waterford, capitale de Mommomie, 1785, 4 vol. in-12 mar. rouge, fil., dent. int., tête dor., n. rog., dos orné. (Belz-Niedrée). 120 fr.

Très bel exemplaire complètement non rogné,

4605. **Restif-de-La-Bretonne**. Les Nouveaux Mémoires d'un homme-de-qualité. La Haye et Paris, 1774, 2 parties en 1 vol. in-12, veau fil. 10 fr.

Aux armes du maréchal de Luxembourg.

4606. **Restif de La Bretonne**. Idées singulières, 18 part. en 5 vol. in-8, veau marb. (Reliure uniforme). 50 fr.

Sous ce titre général sont compris : Le Pornographe, 1776, 2 part. en 1 vel, La Mimographie, 2 part. en 1 vol. — Les Gynographes, 1777, 2 part. en 1 vol. — L'Andrographe. 1782. — Le Thesmographe, 1789, 2 part en 1 vol.

4607. **Réveil**. Museo universal de peintura y de escultura, y galeria Europea de las artes y de la historia. Barcelona, 1840, 16 vol, in-12, demi-rel. 35 fr.

Nombreuses figures au trait. Texte espagnol.

4608. **Revue** des Deux-Mondes, années 1846-1892, reliés en 262 vol. in-8, demi-veau fauve, dos orné. 700 fr.

Très bel exemplaire dans une reliure très fraîche.

4609. **Richard** (L'abbé Jér.). Lettres grecques, par le rhéteur Alciphron ou anecdotes sur les mœurs et les usages de la Grèce, traduites pour la première fois en françois. Amsterdam et Paris, Nyon, 1785, 3 vol. in-12 veau. 5 fr.

4610. **Roche** (Regina Maria). Clermont traduit de l'Anglais par André Morellet. Paris, Denné, an VII, 3 vol. in 12 demi-veau fauve, figures. 5 fr.

4611. **Ross** (Alexandre). Les Religions du monde, ou démonstration de toutes les religions et hérésies de l'Asie, Afrique, Amérique, et de l'Europe, depuis le commencement du monde jusqu'à présent. Traduites par le S[r] Th. La Grue. Amsterdam, 1686, 3 vol. in-12, veau figures. 6 fr.

4612. **Roullion - Petit.** Campagnes mémorables des Français en Egypte, en Italie, en Hollande, en Allemagne, en Prusse, en Pologne, en Espagne, en Russie, en Saxe, etc., ou histoire complète de toutes les opérations militaires de la France depuis l'expédition d'Egypte jusqu'au traité du 20 novembre. Paris, 1817, 2 vol. in-fol., demi-rel., chagr. vert. 120 fr.

18 gravures par Ch. Vernet, et Swebach et 100 portraits.

4613. **Sagettes** (Les) et Ruses d'amour, discours où est montré le vrai moyen de faire les approches, et entrer aux plus fortes places de son empire. Réimpression textuelle sur l'édition de 1599. Avec préface par A. Chassant. Paris, Belin, 1888, in-12, mar. rouge avec coins, n. rog., couv. (Champs.) 12 fr.

Réimpression à 200 ex. seulement. Rare.

4614. **Saint-Evremond.** Œuvres. S. l., 1753, 12 vol, in-12, veau. 15 fr.

4615. **Saint-Victor** (P. de). Hommes et dieux. Paris, Lévy, 1867, in-8. br. 2 fr. 50

4616, **Saïsset** (A.). Dieu et son homonyme, Paris, 1867, in-8 br. 2 fr. 50

4617. **Sardou** (Victorien). Daniel Rochat, comédie en cinq actes. Paris, C. Lévy, 1880, gr. in-8, demi-perc. n. rog., couv. 6 fr.

1re édition.

4617 bis. **Tombeau** (Le) de Melle de Lespinassse par d'Alembert et par le comte de Guibert, publié par le bibliophile Jacob. Paris, Jouaust. 1879, in-12, mar. rouge, fil., dent. int., tr. dor., dos orné, (Masson-Debonnelle). 20 fr.

Eau-forte de Lalauze.

4618. **Saynètes** et monologues par MM. J. de Biez, Chauvin. Ch. Gros, P. Ferrier, O. Gastineau, G. Goetschy, Fr. Mons, Ch. Monselet, G. Nadaud, G. Ohnet et L. Supersac. Paris, Tresse 1878-1881, 7 vol. in-12, demi-rel., mar. rouge 15 fr.

4619. **Scopon** (Julien). Œuvres diverses. A la Haye, chez Charles Le Vier, 1728, 2 parties en 1 vol. pet. in-8, veau. 3 fr.

Deux frontispices gravés par Van der Laan ; la deuxième partie contient les poésies sacrées.

4620. **Scott** (Walter). Ivanhoé. Traduction de P. Louisy. Paris, Didot, 1880, gr. in-8, demi-chag. rouge avec coins tête dor., n. rog., dos orné. 9 fr.

Dessins dans le texte et hors texte.

4621. **Scott** (Walter). Quentin Durward. Traduction nouvelle. Paris, Didot, 1881, gr. in-8, demi-chag. rouge avec coins, tête dor., n. rog., dos orné. 9 fr.

Dessin dans le texte et hors texte.

4622. **Scott** (Walter). Guy Mannering. ou l'Astrologue. Traduction par E. Scheffler. Paris, Firmin-Didot, 1883, gr. in-8, br. 5 fr.

Dessins de M. Brown, Dunki, Flameng, Fraipont, Géry, Bichard, Milius et Riou.

4624. **Scott** (Walter). L'antiquaire. Traduction par M. Ed. Scheffter. Paris, Firmin-Didot, 1882, gr. in-8, br. 5 fr.

Dessins de Brown, C. Detti, Dunki, Godefroy Durand, Fraipont, Gilbert et Riou.

4625. **Scott** (Walter). Kenilworth. Traduction par Daffy de La Monnoye. Paris, Didot, 1881, gr. in-8, demi-chag. rouge avec coins, tête dor., n. rog, dos orné. 7 fr.

Dessins dans le texte et hors texte.

4626. **Secretain** (E.-A.). Sixte-Quint et Henri IV. Introduction du protestantisme en France. Paris, Gaume, 1861, in-8, demi-chag., tête de nègre, tr. jasp. 3 fr.

4627. **Secrétaire** (Le) des secrétaires, ou le Thrésor de la plume française..., auec quelques lettres facétieuses. Rouen, Romain de Beauvais, 1614, pet. in-12, vél. 4 fr.

Mouillures.

4628. **Segrais.** Les nouvelles françoises ou les divertissemens de la princesse Aurélie. La Haye, Pierre Paupie, 1741, 2 vol. in-12 veau. 5 fr.

Nombreuses figures en taille-douce.

4629. **Ségur** (Le Comte de). Histoire de Napoléon la Grande-Armée pendant l'année 1812, 3e édition. Paris, Baudouin, 1825, 2 vol. in-8 veau rac. dos orné. 7 fr.

Portraits, figures et carte.

4630. **Ségur** (Le Comte de). Mémoires ou Souvenirs et Anecdotes. Paris, A. Eymery, 1823, 3 vol. in-8, demi-veau rose, tr. marb., portraits. 7 fr.

4631. **Sévigné**. Lettres de Madame de Sévigné à sa fille et à ses amis. Paris, 1819, 12 vol. in-12, veau. 10 fr.

4632. **Sholto** and **Reuben**. The percy anecdotes original and select. London. Boys, 1822, 2 vol. in-12, veau bleu, tr. dor. 6 fr.

4633. **Silvestre** (Israël). Vues de Rome, de Vienne, de Venise, de Gaëte, et de différents ports de mer d'Italie et autres lieux. In-8 obl., veau fauve. 45 fr.

56 planches. Belles épreuves.

4634. **Silvestre** (Th.) Histoire des artistes vivants français et étrangers, études d'après nature. Paris, Blanchard, s. d., gr. in-8. demi-chag. orange, tête jasp., n. rog. 14 fr.

Portraits hors texte.

4635. **Silvio (Pellico)**. Mes prisons, suivies du discours sur les devoirs des hommes, traduction de M. A. de Latour. Paris, Charpentier, 1843, in-8, demi-rel., chag. avec coins. 15 fr.

Figures de Tony Johannot.

4636. **Sionville** (de). Œuvres militaires dédiées à Son Altesse Monseigneur le prince de Bouillon, fils de Son Altesse Sér. Mgr. le prince de Turenne. A Charleville, 1756, 4 vol. in-12, veau. 10 fr.

Nombreuses planches.

4637. **Smids** (Lud.). Pictura Loquens; sive heroicarum tabulorum Hadriani Schoonebeeck, enarratio et explicatio. Amstelodami, 1695, in-12, vélin blanc à recouvrements. 10 fr.

Nombreuses figures.

4638. **Smollet**. Fathom et Melvil. Traduit de l'Anglais sur la XVe édition. Paris, an VI, 4 vol. in-12, demi-veau fauve, figures. 7 fr.

4639. **Société** impériale d'acclimatation. La production animale et végétale. Paris, Dentu, 1867, in-8 br. 2 fr.

4640. **Spectatrice** (La). Ouvrage traduit de l'Anglais (d'Elis Hayrood par Trochereau). La Haye, 1750, 4 vol, in-12, pet. in-8 brochés. 6 fr.

Joli frontispice gravé.

4641. **Speroni**. Dialoghi di M. Speron Speroni. Nuovomente ristampati, et con molta, diligenza a riveduti et corretti. Con privilegio della Signoria di Venegia. In Venegio, 1552, in-12 cart. 4 fr.

Impression en caractères italiques. Avec la marque des Alde.

4642. **Stael** (Mme). Œuvres complètes publiées par son fils. Paris, Treuttel et Wurtz, 1820, 16 vol. in-8 veau fauve, dos ornés, port. 35 fr.

Bel exemplaire.

4643. **Stahl** (P.-J.). Théorie de l'amour et de la jalousie. Paris, Blanchard, 1853, in-16, demi-percal., n. rog., couv. 2 fr.

1re édition.

4644. **Sterne**. La vie et les opinions de Tristam Shandy, traduites de l'anglais par M. Frénais. A Yorck et se trouve à Paris, 1785, 4 vol. in-12, demi-veau fauve, tr. rouges, dos orné. 6 fr.

4645. **Sterne**. Voyage sentimental, traduction nouvelle, précédée d'un essai sur la vie et les ouvrages de Sterne par M. J. Janin. Paris, Ern. Bourdin, s. d., gr. in-8, demi-mar. lavall. avec coins, tête dor., n. rog., dos orné. 15 fr.

Edition illustrée par Tony Johannot et Jacque. Quelques taches de rousseur.

4646. **Swift**. Le grand mistère ou l'art de méditer sur la garde-robe. La Haye, 1729. — Pensées hazardées sur les études, la grammaire, la rhéthorique et la poétique par G. L. Lesage. La Haye, Jean-Van Duren, 1729, ensemble, 1 vol. in-12, veau. 2 fr.

4647. **Swift**. Voyages de Gulliver. Traduction nouvelle par Gausseron. Paris, Quantin, s, d., gr. in-8, cart., tête dor., n. rog., couv. 10 fr.

Illustrations en couleur par Poirson.

4648. **Tableau** des prisons de Paris, sous le règne de Robespierre pour faire suite à l'Almanach des prisons, contenant différentes anecdotes sur plusieurs prisonniers, avec les couplets, pièces de vers, lettres ou testamens qu'ils ont faits. Paris. Michel s. d., in-18 percal. n. rog., front. 2 fr. 50

4649. **Tacite**. Œuvres, traduction nouvelle par Dureau de Lamalle. Paris, Michaud, 1818, 6 vol. in-8, veau. 15 fr.

4650. **Talbot** (E.) Œuvres complètes de l'empereur Julien, Paris, Plon, 1863, in-8 br. 4 fr.

4651. **Taylor** (Bon). Voyages pittoresques et romantiques dans l'ancienne France. Normandie. Paris, Didot, 1825, 2 vol. in-fol. demi-rel. veau fauve. n. rog. 120 fr.

232 planches lithographiées.

4652. **Taylor** et **Nodier**. Voyages pittoresques et romantiques dans l'ancienne France. — Languedoc. — Paris, Didot, 1823-1827, 9 part. en 4 vol. in-fol., demi-chagr. rouge, n. rog. 300 fr.

Le Languedoc divisé en 7 part. renferme 331 planches numérotées de 1 à 331 et 215 pl. supplémentaires, soit en tout 546 pl. hors texte, la plupart sur chine, mais très mal chiffrées : le texte n'a pas de pagination ; les cahiers sont de 2 ff. et chaque page est tirée dans un superbe encadrement historié.

Très bel exemplaire.

4653. **Taylor** et **Nodier**. Voyages pittoresques et romantiques dans l'ancienne France. — Picardie. — Paris, Didot, 1835, 3 vol. in-fol., demi-chag. rouge n. rogné. 250 fr.

La Picardie renferme environ 400 pl. la plupart sur chine. Chaque page de texte est tirée dans un encadrement historié.

Très bel exemplaire.

4654. **Taylor** et **Nodier**. Voyages pittoresques et romantiques dans l'ancienne France. — Dauphiné. — Paris, Didot, 1854, in-fol. demi-chag. rouge, n. rog. 100 fr.

Le Dauphiné renferme environ 170 pl. La plupart sur chine. Très bel exempl.

4655. **Taylor** (Le baron J.) L'Alhambra. Dessins et lithographies par Asselineau, publié par A. F. Lemaître. Paris, Didot, 1853, gr. in-fol. en feuilles. 6 fr.

4 pages de texte et 11 planches.

4656. **Temple** des amans républicains ou les concerts de Mars et de Vénus, pour la 3e année de l'ère républicaine. Paris, in-18, demi-mar. rouge, n. rog. 3 fr.

Mouillure à quelques feuillets. Frontispice de Quéverdo. Légère déchirure au front.

4657. **Tenré** (L.). Les Etats américains, leurs produits, leur commerce en vue de l'exposition universelle de Paris. Paris, Plon, 1867, in-8, br. 3 fr,

Envoi d'auteur.

4658. **Terentii** (Pub.) Comediæ sex ex recensione heinsiana. Amstelodami, Janssoniana, 1641, pet. in-12 vélin. 2 fr.

4659. **Testatement** (Le) dung amoureux qui mourut par amour. Paris, Techener, 1832, 4 ff. — Plaisant contract de mariage entre Nicolas Grand-Jean et Guillemette Ventrue. Paris, Techener, 1833, 8 ff. — Discours de Michel de Lhospital sur le sacre de François II. Paris, Firmin - Didot, 1825, 24 pp. — Sermon du cordelier aux soldats, ensemble la response. Paris, 1833, 7 ff. — Ens. 4 pièces en 1 vol. in-16, demi-rel. v. f. non rog. 8 fr.

Réimpressions tirées à petit nombre.

4660. **Teste** (Louis). Léon XIII et le Vatican. Paris, Forestier, 1880, gr. in-8, br. port. 7 fr.

4661. **The Pearl** a journal of facetiae voluptuous reading. London, 1879, 3 vol. in-8 br. 200 fr.

4662. **Thiers** (A.). Histoire de la révolution. Paris, Furne, 1865, 2 vol. gr. in-8, demi-chag. vert. 10 fr.

Dessins par Yan Dargent.

4663. **Tisset** (F.-B.). Vie privée du général Buonaparte, contenant son origine, le lieu de sa naissance, l'époque de son arrivée en France, le temps où il obtint du service comme militaire, date de sa captivité, etc. Paris, 1798, in-18 demi-mar. rouge, tête dor. n. rog. figure. 4 fr.

4664. **Tissot**. Dissertation sur les maladies par la masturbation. A Lausanne, 1764, in-12 veau. 3 fr.

4665. **Tissot**. De la santé des gens de lettres, suivi de l'essai sur les maladies des gens du monde. Nouvelle édition revue sur les derniers manuscrits de l'auteur et publiée par le Dr Bertrand de Saint-Germain. Paris, Techener, 1859, in-12 demi-mar. noir. 3 fr.

4667. **Topffer** (R.). Nouveaux voyages en zigzag à la Grande Chartreuse, autour du Mont Blanc, dans les vallées d'Horens, de Zermatt, au Grinnel, à Gênes et à la Corniche. Paris, Garnier, 1870, gr. in-8, demi-mar. lavall. avec coins, tête dor. n. rog. 15 fr.

Illustrations dans le texte et hors exte.

4668. **Torcy** (de). Mémoires de M. de *** pour servir à l'histoire des négociations depuis le traité de Riswick, jusqu'à la paix d'Utreck. La Haye, 1756, 3 vol. in-12 veau. 6 fr.

4669. **Touchard-Lafosse.** Histoire de Paris, composée sur un plan nouveau. Paris, Krabbe, 1883, 5 vol. in-8, demi-veau viol. tr. jasp. 10 fr.

Nombreuses illustrations.

4670. **Tour du Monde.** Journal des voyages de 1861 à 1884 compris, 48 vol. in-4, demi-rel. chag. vert., fig. 200 fr.

4671. **Tour du monde** (Le). Nouveau journal des voyages, publié par E. Charton: de l'origine 1860 à 1870 inclus, 21 vol. in-4 cart., percal. rouge, figures. 65 fr.

4672. **Toussaints Du Plessis.** Nouvelles annales de Paris, jusqu'au règne de Hugues Capet, on y a joint le poëme d'Abbon sur le fameux siège de Paris par les Normans, en 885 et 886. Paris, 1753, in-4 veau. 10 fr.

4673. **Traité** de toute sorte de Chasse et de Pêche, contenant la manière de faire raccommoder et teindre toutes sortes de filets; de prendre aux pièges toutes sortes d'oiseaux et bêtes à quatre pieds, etc., et un Dictionnaire de tous les termes de filets, de chasse et de pêche, employez dans ce livre. Amsterdam, Roger, 1714, 2 tom. en 1 vol. in-12, fig., v. ant. 12 fr.

4674. **Trepagne de Menerville.** Les Amusements de monseigneur le duc de Bretagne, Dauphin, avec le discours sur sa mort et autres pièces, par M. R. Trepagne de Menerville, curé de Suresne et de Puteaux. Paris, G. Cavelier, 1712, in-12 veau fauve, fil., tr. dor., dos orné (Hardy) 20 fr.

Très jolie figure. Rare.

4675. **Tressan** (Comte de). Œuvres, précédées d'une notice sur sa vie et ses ouvrages par M. Campenon. Edition revue, corrigée et accompagnée de notes, ornée de gravures d'après les dessins de M. Colin. Paris, Nepveu et Aimé-André (de l'imprim. de Firmin-Didot), 1823, 10 vol. gr. in-8, fig., demi-rel. dos et coins de mar. bl., dos ornés de fil., tête dor., n. rog. (Vve Brany). 120 fr.

Exemplaire sur grand papier vélin avec la suite complète de 1 port. et 12 belles figures de Colin en triple état : avant la lettre sur blanc, avant la lettre sur Chine et eaux-fortes.

On y a joint les 20 figures de Marillier (remargées de format gr. in-8), publiés en 1787-89, et un fac-simile.

Exemplaire provenant de la Bibliothèque Génard.

4676. **Trivier** (E.). Mon voyage au continent noir. La Gironde en Afrique. Paris, Firmin Didot, 1891, in-8, demi-rel. toile, port. couv. 3 fr.

4677. **Trouïllart** (Pierre). Mémoires des comtes du Maine, par P. Trouïllart, sieur de Montferré, advocat au Mans. Au Mans, 1643, in-12 veau. 15 fr.

Très rare.

4678. **Turgan.** Les grandes usines. Etudes industrielles en France et à l'étranger. Paris, M. Lévy, 1866, les 9 premiers volumes gr. in-8, demi-chag., lavall., tr. jasp., figures. 25 fr.

Le tome 1er manque.

4679. **Turgot.** Plan de Paris, commencé l'année 1734, sous les ordres de Turgot... achevé de graver en 1739, levé et dessiné par Louis Brétez, gravé par Cl. Lucas et écrit par Aubin. Paris, 1740, gr. in-fol., veau ant. (aux armes de la ville de Paris). 65 fr.

19 planches montées sur onglets. Reliure fatiguée.

4680. **Unger.** Les œuvres de William Unger. Eaux-fortes d'après les maitres anciens, commentées par C. Vosmaer. Leyde, Sythoff, 1874, grand in-fol. en livraisons. 130 fr.

72 magnifiques eaux-fortes avant la lettre sur papier de Hollande. Publié à 235 fr.

4681. **Un mois de folie,** poëme en 8 chants (par A. d'Egvilly). Vaucluse (Avignon), 1803, in-18 br. figure. 6 fr.

Frontispice et 59 pl. gravées.

4683. **Vaissette.** Histoire générale de Languedoc, avec des notes et les pièces justificatives : composée sur les auteurs et les titres originaux, et enrichie de divers monuments. Paris, J. Vincent, 1730, 5 vol. in-fol. veau, fil., tr. marb., dos orné. 110 fr.

Bon exemplaire.

4684. **Valvasone** (Erasmo di). Della Caccia, poema del signor Erasmo di Valvasone, con gli argomenti a ciascum canto del sig. Gio Domenico degli Alessandré. In Bergamo, per Comin Ventura, 1591, in-8, mar. rouge jans., dent. int. tr. dor. (Hardy). 60 fr.

4685. **Van der Meuleun.** Son œuvre.

Paris, s. d., 2 vol. in-fol., max. veau marb., tr. dor. 200 fr.

Aux armes du Roi. Recueil contenant 115 planches gravées, en 58 feuilles. — Exemplaire légèrement atteint d'humidité.

4686. **Varennes** (Le marquis de). Simples fables. Paris, Dubochet, 1846, in-8, demi-veau. 1 fr.

4687. **Varillas.** Histoire de Louis XII. Paris, Cl. Barbin, 1686, 6 vol. in-12 veau. 5 fr.

4688. **Vasselier.** Contes XVIIIe siècle. Réimprimés sur l'édition originale (Londres 1800). Paris, Liseux, 1883, in-18 br., papier de Hollande. 10 fr.

Joseph Vasselier, né en 1735, mort en 1798, si peu connu qu'il soit, mérite une place au-dessous de Grécourt. « Ses Contes trop libres », dit Viollet-le-Duc, sont néanmoins fort jolis. De la collection dite Editions réservées, tirée à 150 exemplaires, rare.

4689. **Vaulabelle.** Histoire des deux restaurations jusqu'à l'avènement de Louis-Philippe (de Janvier 1813 à Octobre 1830). Paris, Perrotin, 1858, 8 vol. in 8 br. 20 fr.

4690. **Velly, Villaret** et **Garnier.** Histoire de France depuis l'établissement de la monarchie jusqu'à Louis XV. Paris, 1770-1789, 17 vol. in-4. — Recueil des portraits des hommes illustres dont il est fait mention dans l'histoire de France, 8 vol. — Ensemble 25 vol. in-4, veau ancien. 300 fr.

Très bel exemplaire, cet ouvrage contient près de 800 portraits.

4691. **Venatus** et aucupium iconibus artificioss, ad vivum expressa, et succinctis versibus illustrata, per J. A. Lonicerum. Ad calcem vero adiunximus poetas tres egregios gratium qui Augusto Prinéipe floruit de Venatione. M. Aurelium Olympium Nemesianum, qui Cynegetica scripsit, et Joannes Darcæum Venusinum de canibus. Francoforti, impensis Sigismundi Feierabendii, 1582, in-4, basane noire, tr. dor. (Rel. anc.) 300 fr.

40 figures, scènes de chasse, gravées sur bois, d'après Jost Ammam.

4692. **Veneroni.** Scielta di favole. Paris, 1695, in-12 veau viol., tr. dor. 3 fr.

Très jolies figures gravées sur cuivre, frontispice remonté.

4693. **Veneroni.** Fables choisies. traduites du françois en italien, par le sieur de Veneroni, maître des susdites langues à Paris ; et puis après en allemand par M. Balthasar Nickisch, maître de langue à Ausbourg. Le tout enrichi de figures à chaque fable, au profit et à la récréation de la jeunesse aimant les langues et les arts. A Ausbourg chez Jeam Ulric Kraus, 1707, pet. in-4, mar. gren. fil., dent. int. tr. dor. dos orné (Allô). 75 fr.

94 fables illustrées d'un frontispice et chacune d'une jolie figure. Armoiries sur les plats.

4694. **Vergiliana** opera, docte et familiariter exposita a Servio, Donato, Mancinello et Probo, cum adnot. Beroaldi, Aug. Dathi, Calderini, Jodoci Badii, Ascensii, expolitissimis figuris et imaginibus illustrata. Lugduni, in ædibus Jacobi Sacon, 1517, in-fol., fig. sur bois, v. br. 75 fr.

Quelques figures ont été coloriées.

4695. **Verne** (Jules). Œuvres. Paris, Hetzel, s. d., 6 vol. gr. in-8 br. Chaque vol. 3 fr. 50

Vingt mille lieues sous les mers.

De la terre à la lune et autour de la lune.

Cinq semaines en ballon et voyage au centre de la terre.

Une ville flottante et aventures de 3 russes et 3 anglais.

Le D^{r} Ox et le tour du monde en 80 jours.

Les anglais au pôle nord et le désert de glace.

4696. **Vernier** (Ch.). Souvenirs du Bal. Album complet de 16 pl. lithographiées et coloriées. Paris, Martinet, in-4 demi-percal. 20 fr.

4697. **Versailles.** Le Labyrinthe de Versailles. Amsterdam, Nic. Visscher, s. d., in-4, br. n. rog. 10 fr.

39 figures. Texte en français, anglais, hollandais et allemand.

4698. **Verzameling** van omtrent honderd Portraiten van vermaar de Persoonaadien, die, geduurende deeze en de twee voorgaadde eenwen, in de vereenidge Nederlanden gebloeid hebben ; door J. Houbraken. Te Amsterdam, by Isaak Tirion, 1761, in-4, portr., cart., non rogné. 50 fr.

94 portraits, gravés par Houbraken, des hollandais célèbres.

4699. **Vesalii** (Andrea). Librorum Andrea Vesalii, Bruxellensis, de Humani corporis fabriéa epitome ; cum annotationibus Nicolai Fontani, Amstelredamensis. Amstelodami, 1642, in-fol., veau, fil. 30 fr.

Portrait et 18 planches gravées.

4700. **Vespuce**. De Ora antartica per regem Portugallie pridem inventa. (A la fin : Impressum Argentine per Mathiam Hupfuff M v° v (1505), pet. in-4, goth. fig. mar. r. comp. dorés et à fr. dent. int. tr. dor. (Lortic) 175 fr.

Réimpression en fac-simile faite pour Tross en 1872 et tirée seulement à dix exemplaires, tous sur peau de vélin.

4701. **Victoires**, conquêtes, désastres, revers et guerres civiles des Français, de 1792 à 1815. Paris, Panckoucke, 1818, 27 tomes en 14 vol. in-8, demi-veau. 40 fr.

Nombreuses cartes.

4702. **Vie Parisienne**. Années 1874-1875, 1876, 1877. 4 vol. in-4 percaline rouge, tr. dor. 45 fr.

— Années 1865 et 1866, 2 vol. in-4, demi chag. 25 fr.

4703. **Viel-Castel**. Mémoires du comte Horace de Viel-Castel sur le règne de Napoléon III (1851-64). Publiés d'après le manuscrit original et ornés d'un portrait de l'auteur. Avec une préface par Léouzon Le Duc. Paris, 1883, 6 vol. gr. in-8 percal. tête jasp., n. rog., couv., port. 40 fr.

Edition rare.

4704. **Vignier** (Nicolas). La Bibliothèque historiale de Nicolas Vignier de Bar-sur-Seine, médecin et historiographe du roy. A Paris, chez Abel l'Angelier, 1587-1650, 4 vol. in-fol. mar. vert, dos orné et comp. tr. dor. 250 fr.

Bel exemplaire en grand papier, réglé, dans une reliure ancienne avec ornements sur les plats et dos à feuillages.

4705. **Vignole**. Règles des cinq ordres d'architecture, par M. Jacques Barozio de Vignole, gravés par Le Pautre. S. l., n. d., pet. in-8 vélin. 3 fr.

Frontispice, texte et planches entièrement gravés (la planche CXI manque quelques mouillures).

4706. **Vignole**. Règles des cinq ordres d'architecture. Paris, Jollain, 1694, in-12, demi-chag. 3 fr.

52 planches.

4707. **Vincent de La Loupe**. Premier et second (et tiers) Livre des Dignitez, Magistrats et Offices du Royaume de France. Ausquels est de nouveau adiousté le tiers livre de ceste matière, outre la revueue et augmentation diceux. A Paris, par Guillaume Le Noir, 1556, 3 parties en 1 vol. pet. in-8, mar. r. jans. dent. int. tr. dor. (Masson-Debonnelle) 30 fr.

4708. **Virgilii**. Publii Virgilii Maronis Bucolica, Georgica et Aeneis, illustrata, ornata et accuratissime impressa. Londini, Knapton et Sandby, 1750, 2 vol. gr. in-8, fig., v. marb., dos ornés, fil., dent. int., tr. dor. (Rel. anc.) 35 fr.

1 fleuron qui est placé sur chaque titre, 58 figures de médailles, de bas-reliefs, etc., et 1 cul-de-lampe, par Bonneau et Wilson, gravés par Grignion, Muller et J. S. M.

Bel exemplaire en grand papier.

4709. **Visconti et Mongez**. Iconographie ancienne, grecque et romaine, ou Recueil des portraits authentiques des empereurs, rois et hommes illustres de l'antiquité. Paris, P. Didot l'aîné, 1808-1833, 7 vol. in fol., demi-rel. mar. ch. brun, tr. jas. 200 fr.

129 planches gravées. Bel exemplaire.

4710. **Vivant-Denon**. Voyage dans la Basse et Haute Egypte, pendant les campagnes du général Bonaparte. Paris, Didot, 1802. 3 vol. in-12 demi chag. rouge et atlas in-fol. demi-rel. fatiguée. 15 fr.

L'atlas contient le portrait de Denon et 110 planches.

4711. **Voguë** (Vte Eug.). Histoires d'hiver, 1 frontispice et 10 vignettes gravées par A. Nargeot, d'après Sta et Martin. Paris, Calmann-Lévy, 1885, in-12 carré, demi-rel. mar. rouge, avec coins, dos orné, mosaïque, mar. vert, fil. tête dor. n. rog. couv. (Bretault,) 180 fr.

L'un des 20 exemplaires tirés sur papier du Japon, contenant les gravures en 2 états dont l'eau-forte pure et enrichi de 24 aquarelles originales de H. de Sta.

4712. **Volkyr de Serouville** (Nicole). Lhistoire et recueil de la triumphante et glorieuse victoire obtenue contre les seduyctz et abusez Lutheriens mescreans du pays Daulsays et autres, par Anthoine, duc de Calabre, de Lorraine et de Bar... en deffendant la foy catholicque, nostre mere leglise, et vraye noblesse. S. l., n. d. (Paris, Galiot du Pré, 1520), in-fol., caract. goth., mar. bleu, doublé de mar. rouge, larg. dent., tr. dor. (Duru.) 550 fr.

Figures sur bois.

Le Propriétaire-Gérant : **Th. BELIN**.

Péronne. — Imp. Eng. CRÉTY, 24, Grande Place.

www.ingramcontent.com/pod-product-compliance
Lightning Source LLC
LaVergne TN
LVHW010012230826
846092LV00002B/779

* 9 7 8 2 3 2 9 6 3 7 6 3 1 *